Dick Boer

Wir aber hatten so gehofft

Ton Veerkamp: ein unbequemer Denker

Dick Boer

Wir aber hatten so gehofft

Ton Veerkamp: ein unbequemer Denker

Edition ITP-Kompass, Bd. 37
Münster 2021

Bibliographische Information der Deutschen Bibliothek:
Die Deutsche Nationalbibliothek verzeichnet diese Publikation in der Deutschen Nationalbibliographie; detaillierte bibliographische Daten sind im Internet über http://dnb.dnb.de abrufbar.

Dick Boer
Wir aber hatten so gehofft
Ton Veerkamp: ein unbequemer Denker

www.itpol.de
Lektorat: Christine Berberich
Satz und Layout: David Hellgermann
Umschlaggestaltung: David Hellgermann
Druck: Books on Demand GmbH, Norderstedt
ISBN: 978-3-9822052-8-1

Inhalt

Zur Einführung ... **9**

1. Amsterdam – New York – Berlin ... **13**

2. Eine radikale Wende: Breukelman ... **23**

3. Im Lehrhaus ... **31**

4. Die Vernichtung des Baal ... **43**

5. Autonomie und Egalität ... **65**

6. Ein Theaterstück ... **85**

7. Der Gott der Liberalen ... **89**

8. Das Johannes-Projekt ... **101**

9. Die Welt anders ... **117**

10. Epilog ... **135**

Literaturverzeichnis ... **137**

Zur Einführung

Ton Veerkamp lernte ich in den 70er Jahren auf einer Tagung von Studentenpfarrern aus der BRD und der DDR kennen. Er war gebeten worden zu erklären, weshalb er kein Mitglied einer Partei (gemeint war die kommunistische) geworden war, Und ich sollte erklären, warum ich das wohl getan hatte. Ich erinnere mich nur, dass wir durch unseren niederländischen Akzent auffielen. Aber ich war aufmerksam geworden auf einen biblischen Theologen der besonderen Art und verfolgte seitdem seine Veröffentlichungen. Schon seit ihrer Gründung (1978) abonnierte ich die exegetische Zeitschrift TEXTE UND KONTEXTE, mehr oder weniger Veerkamps ‚Hausorgan'. Was mir insbesondere auffiel – und gefiel – war die ausdrückliche Verbindung zwischen Bibel und Politik, etwas, das in der ‚Amsterdamer Schule' von Frans Breukelman, deren Hermeneutik Veerkamp, wenn auch nicht von Anfang an, verpflichtet war, weniger der Fall war. Was mir auch gefiel, war seine Nüchternheit. Seine Abneigung gegenüber den allzu großen Worten, die (nicht zuletzt linke) Theologen oft allzu gerne in den Mund nehmen, war nicht zu übersehen. 1993 schrieb ich in einer niederländischen Zeitschrift einen Artikel anlässlich seines 60. Geburtstages, mit dem Titel: ‚EEN LAAG BIJ DE GRONDS (in etwa: trivial) Aber laag bij de gronds bedeutete keineswegs, dass seine exegetische Arbeit von einem niedrigen Niveau wäre. Im Gegenteil, seine Exegesen waren subtil und präzise. Er schrieb nicht einfach nur drauflos, sondern wusste, wovon er redete. Meine Leseerfahrung war oft: So hatte ich es noch nicht gesehen, aber es stimmt. Eine Erfahrung, die ich auch bei Breukelman hatte.

Ich wurde Ton Veerkamps Schüler. Die Besprechungen, die ich von Der Gott der Liberalen und Die Welt anders schrieb, wollten vor allem seine Bedeutung klarmachen. Mit Kritik war ich zurückhaltend. Wo ich Ton nicht folgen konnte, war in einer historischen Frage: Für ihn war es offenbar wichtig, dass das Projekt einer ‚Torarepublik', einer Gesellschaft, in der niemand Sklave und niemand Herr war, in der Zeit von Ezra und Nehemia real existiert hatte, während für mich eine solche real existierende Torarepublik für die Wahrheit des Projekts nicht relevant war. Er schrieb deshalb ‚Eine politische Geschichte der Großen Erzählung' (Die Welt anders, 2012) und ich eine biblische Theologie, in der die Große Erzählung selbst Thema war: die Erzählung des ‚Projekts Israel' nach dem (rabbinischen) Kanon *(Erlösung aus der Sklaverei. Versuch einer biblischen Theologie im Dienst der Befreiung, 2008).*

Eine Herausforderung wurde für mich seine Auslegung des Buches Hiob. Er las die berühmte ‚Antwort aus dem Unwetter' nicht als die Selbstoffenbarung des NAMENS, wie Barth und Miskotte das taten, sondern als die Reaktion einer Karikatur des NAMENS, die Hiob barsch zur herrschenden (Un)Ordnung ruft. Hiobs Antwort übersetzte er deshalb auch nicht so, als bereute dieser – woraufhin er vom NAMEN gerechtfertigt wird –, sondern so, dass Hiob diese Erniedrigung verwirft. Ich aber konnte mir nicht vorstellen, dass mit dem NAMEN nicht der NAME selbst gemeint sei, und beschloss selber eine Auslegung des Buches Hiob zu schreiben: Wenn nichts mehr stimmt – Hiob rettet den NAMEN (2019). Nach meiner Meinung ging es darum, dass ein ohnmächtig gewordener NAME sich von ‚seinem Knecht

Hiob' abhängig macht (machen muss) und der NAME durch Hiob gerettet wird.

Ich wurde sein Schüler. Das bedeutet vor allem: ohne Ton hätte ich weder meine biblische Theologie noch mein Buch über Hiob schreiben können, dabei hielt ich mich aber an das, was Karl Barth seinem Schüler Friedrich-Wilhelm Marquardt sagte: Sei ein Mann, folge mir nicht nach. Nachgefolgt bin ich Ton nicht und an wichtigen Punkten kann ich ihm nicht folgen. Vielleicht ist es auch wohl so, dass von uns (bei aller gebotenen Bescheidenheit) gilt, was Breukelman von den Evangelisten sagte: aliter, non aliud (anders, aber nicht etwas anderes).

1. Amsterdam – New York – Berlin

Jugend

Ton Veerkamp wurde am 19. November 1933 in Amsterdam geboren, in einer Arbeiterfamilie, die bis nach dem Zweiten Weltkrieg vor allem Armut kannte. Ein Beispiel:

> *Im April 1938, als die jüngsten Brüder, Zwillinge, geboren wurden, mussten die Eltern ihre goldenen Eheringe versetzen, um zahlungsfähig zu bleiben.* (Erinnerungen, 14)[1]

Erst in den 60er Jahren erlebten die Eltern so etwas wie Wohlstand. Dass Studierende, die sich für radikal links hielten, Menschen wie seine Eltern verächtlich machten, konnte Veerkamp wütend machen. Für ihn war es dieselbe Verachtung, die das Bürgertum von jeher für den Arbeiter empfand:

> *Aber auch in 68-er Kreisen, vor allem unter denjenigen, die später eine grüne Karriere begannen, ist diese Verachtung verbreitet. Ein mystisches Edelproletariat wird zwar modisch verehrt,*

---

1 Hinter jedem Zitat steht zwischen Klammern in Abkürzung, woher das Zitat stammt. Die Quellen der Zitate gebe ich mit Kurztitel und Seitenzahl in Klammern hinter dem jeweiligen Zitat an. Im Literaturverzeichnis hinten im Buch ist zu finden, auf welches Buch oder welchen Artikel die Abkürzungen sich beziehen.

für konkrete Arbeiter hat man mindestens Unverständnis, oft nur Verachtung übrig. (Liberalen, 217)

Wenn bei ihm von linken Intellektuellen die Rede war, konnte er es oft nicht lassen, einen ironischen Ton anzuschlagen. Es war seine Art der Solidarität mit dem Milieu seiner Eltern. Die für ihn so typische Verbindung von Theologie und einem links-politischen Engagement ging nie auf Kosten der Menschen, um die es in der Politik gehen sollte, die Arbeiter und ihre Organisationen. Für sie war ja Solidarität kein linkes Hobby, sondern eine Notwendigkeit.

Sein Vater war ein streitbarer Arbeiter. Mit der Kirche wollte er nichts mehr zu tun haben: *„Sie sei ‚Lakai des Kapitals'"*. (Erinnerungen, 16)

Seine Mutter war eine gläubige, aber selbstständig denkende römisch-katholische Frau. Als die Familie ihren Mann auf seinem Sterbebett noch zwingen wollte, seiner Frau zu versprechen, in den Schoß der allein seligmachenden Kirche zurückzukehren, wendete sie sich gegen diesen Versuch, den sie als eine widerliche Erpressung empfand: *„‚Heuchler', sagte sie"*.

Eine Erfahrung, erzählt Veerkamp, die für sein späteres (theologisches und politisches) Leben bestimmend wurde, war es, als sein Großvater, 71 Jahre alt, nicht mehr arbeiten konnte und ohne Einkommen war:

Onkel Thijs, der älteste Sohn, ging zum Baas des alten Graeff [der Großvater] und fragte, ob der nicht etwas für seinen damaligen Angestellten tun könne, er habe mehr als fünfundvierzig Jahre hart für ihn gearbeitet. Der Baas lehnte ab: ‚Ich habe ihm fünfundvierzig Jahre zu fressen gegeben!' Dass er mit seiner Knochenarbeit fünfundvierzig Jahre lang zum Reichtum des Baas beigetragen hatte, spielte keine Rolle. Diese kleine Anekdote lehrte mich mehr als mancher Kapital-Kurs angehender Marxisten der siebziger Jahre. (19f.)

Nach der Grundschule ging er zum Ignatius-Kolleg in seinem Wohnort Amsterdam, einer Unterrichtsanstalt der Jesuiten. Ein Schritt höher auf der gesellschaftlichen Leiter, die ihm anfänglich Aussicht auf eine Laufbahn im Bankwesen bot. Aber in der Welt des Geldes Karriere zu machen, war für ihn undenkbar:

> *Mit dem Kopf voll wirrer Gedanken begann ich das zweite Jahr in der Bank. Ich wusste jetzt sicher: Dies werde ich auf Dauer nicht machen können, sonst werde ich wahnsinnig.* (87)

Studium

Er wollte studieren, „was auch immer" (89) Auf Anraten eines Freundes meldete er sich 1955 bei den Jesuiten, um in ihren Orden einzutreten. Eine pragmatische Entscheidung also, aber offenbar doch nicht ganz, denn er akzeptierte damit auch, dass er Priester werden sollte. Er wurde angenommen und bekam eine solide philosophische und theologische Ausbildung, zuerst in Amsterdam (Noviziat), danach am Canisium in Maastricht. In dieser Zeit lernte er Huub Oosterhuis kennen – es wurde eine lebenslange Freundschaft. In seiner Magister-Arbeit über Christentum ohne Religion, inspiriert durch die Theologie Karl Barths („Religion ist Unglaube"), wollte Ton Veerkamp ein Kapitel über die kritische Kirchentheorie des Theologen Hoekendijk, Professor in Utrecht, schreiben. Er beschloss daraufhin, bei Hoekendijk zu promovieren. Aber dieser bekam eine Professur in den USA und ging nach New York. Mit einem Stipendium der Jesuiten zog also auch Veerkamp um nach New York. Es war 1965, er war im Juli dieses Jahres zum Priester geweiht worden. Es war die Zeit des Vietnamkrieges und der Massendemonstrationen gegen die Regierung der Vereinigten Staaten. Am Neujahrstag 1967 predigte Ton in einer Römisch-katholischen Gemeinde in Long Island. In seiner Predigt reagierte er auf Kardinal Spellman, der gesagt hatte: „I like my country to be right, but right or wrong: my country“:

> *‚Jesus Christus, dessen Beschneidung wir heute gedenken, wollte den Frieden bringen, sein Name bedeutet: Gott hat befreit. Lasst uns heute unser eigenes privates Leben vergessen und unsere Aufmerksamkeit auf die Welt richten, auf ihre Sorgen, auf ihr Leid.‘ Der Wille Gottes sei Friede und Gerechtigkeit für die Welt. Jesus verlange: ‚Wenn dein Feind dich auf die rechte Backe schlägt, wende ihm die linke zu.‘ Das sei schwer zu verstehen und noch schwerer, entsprechend zu handeln. Aber mindestens bedeute dies, ‚dass wir unsere Feinde als menschliche Wesen sehen, ihre Forderungen, ihre Ziele und Möglichkeiten als menschliche Ziele und Möglichkeiten.‘ Dann zitierte ich jene fünf Worte Spellmans und sagte der Gemeinde: ‚Wer diese Worte sagt: right or wrong: my country, verrät seinen Herrn und verleugnet seinen Glauben‘.* (146f.)

Veerkamp hatte es einmal ganz anders gesagt. 1950 schrieb er einen Schulaufsatz, in dem stand: *„Allein mit dem Rosenkranz in der Hand können wir die Russen an unserer Ostgrenze nicht aufhalten.“* (76)

Der Aufsatz wurde als ‚sehr gut‘ benotet. Veerkamp erzählt diese Anekdote als ein Beispiel, wie sehr er damals die antikommunistische Indoktrination der Jesuiten verinnerlicht hatte.

1966 lernte er während eines Besuches in Berlin in Ostberlin (DDR) Marianne Reichhoff kennen, die später seine Frau wurde. Als ihre Beziehung inniger wurde, musste er feststellen, für das Zölibat nicht geeignet zu sein. 1967 tritt er aus dem Orden aus. Im Sommer 1968 besucht er Marianne aufs Neue, jetzt offiziell, mit einem Visum. Er nützt die Gelegenheit, in der Staatsbibliothek an seiner (nie vollendeten) Dissertation über den Philosophen Ernst Bloch, bekannt von seinem PRINZIP HOFFNUNG, und dessen Bedeutung für die Theologie zu arbeiten. Aber er las auch die FRÜHSCHRIFTEN von Marx und den ersten Teil des KAPITALS, DAS WESEN DES CHRISTENTUMS von Feuerbach und DIE PHÄNOMENOLOGIE DES GEISTES von Hegel. in diesem Sommer, schreibt er, *„legte ich das Fundament für alles, was ich später philosophisch und theologisch machen würde“.* (163)

Marx, Hegel, Feuerbach, Bloch und rückwirkend auch Thomas von Aquin, in seiner Jesuitenzeit Pflichtlektüre, den er erst über Marx verstehen und schätzen lernte. Weiter Barth und Bonhoeffer und natürlich Hoekendijk. Philosophen und Theologen. Die Bibel spielte bis dahin in seiner Lebensgeschichte keine große Rolle – abgesehen von einigen Bibelstudien und der Predigt am Neujahrstag 1967.

Am 31. Mai 1968 zieht Ton Veerkamp um nach Westberlin, um näher bei Marianne zu wohnen. Am 19. Februar 1971 heiraten sie, ein Jahr später zieht Marianne mit ihrer Tochter Elisabeth ebenfalls nach Westberlin um.

Studentenpfarrer – das Werden eines biblischen Theologen

Nach einer befristeten Stelle als Assistent bei Jakob Taubes, Professor für Judaistik und Hermeneutik an der Freien Universität, wird Veerkamp Ende 1970 von der Evangelischen Kirche Berlin-Brandenburg als Studentenpfarrer an der Technischen Universität in Westberlin ernannt, insbesondere für die ausländischen Studierenden, oft politische Flüchtlinge. Das blieb er bis zu seiner Pensionierung 1998. In seiner Arbeit hatte er sich natürlich auch mit Theologie zu beschäftigen. Und Theologie bedeutete für ihn von nun an: biblische Theologie. Auf einer Tagung der Theologischen Kommission der Evangelischen Studentengemeinden in der Bundesrepublik im Sommer 1974 in Hamburg hielt er das Hauptreferat über ‚Christentum und Sozialismus'. Er geht darin auf das ein, was unter linken Theologen und Theologinnen inzwischen selbstverständlich geworden war: Marx ist unser Lehrer, die Bibel dient bestenfalls zur Legitimation (‚was wir tun, steht auch schon in der Bibel'). Aber er bleibt dabei nicht stehen:

> *Irgendwann kam mir der Gedanke, die Vergangenheit ist nicht einfach Ballast, der nach vollzogener Aufklärung abgeworfen werden kann, sondern, um mit Bloch zu sprechen, Erbschaft dieser Zeit. Meine Vergangenheit bin ich ja selber.* (253)

In einem späteren Referat gab er unter dem Titel ‚Wie sich ein Bündnis bewährte' eine (so der Untertitel) ‚historisch-materialistische' Auslegung des Debora-Liedes in Richter 5:

> *Ich versetzte das Lied in eine graue vorstaatliche Zeit und behandelte das Ganze, als hätten wir es mit der Ursprungsgeschichte der Schweizerischen Eidgenossenschaft zu tun.* (ebd.)

Das ist eine selbstkritische Bemerkung im Nachhinein. Als er sein Referat hielt, galt für ihn noch die übliche historisch-kritische Methode, wenn auch ‚materialistisch' gefärbt (die historisch-kritische Methode schien untrennbar mit der bürgerlichen Theologie verbunden): der mittels einer historischen Rekonstruktion erlangte ‚Ursprung', der dann auch ‚echt' ist. Ursprünglich ist in diesem Fall die ‚Eidgenossenschaft' aus der Zeit vor dem Entstehen der israelitischen Monarchie. Die biblischen Geschichtsschreiber haben die ursprüngliche, also ‚echte' Geschichte auf den Kopf gestellt und die Geschichte vom späteren, dann herrschenden Gesichtspunkt her umgeschrieben. Aber:

das ist alles nicht von entscheidender Bedeutung. Entscheidend ist die Tatsache des Bündnisses, das irgendwo schon vor dem Jahr 1220 v. Chr. existiert haben muss, da es in diesem Jahr auf einer Siegessäule eines ägyptischen Pharao erwähnt wird. (Bündnis, 68)

Gott spielt eine bescheidene Rolle:

Der Jahwehglaube ist subjektiv die Erfahrung der Selbstbefreiung im Kampf gegen die Unterdrücker aller Art. [...] objektiv [ist er] die Bewährung eines Bündnisses von Kleinbauernverbänden, die ihre gemeinsamen Interessen erkannt haben. (71)

Und ‚Religion' ist ein kritischer Begriff:

Eine Religion im Sinne eines religiösen Propriums dieses ‚Volkes' hat es nie gegeben, weil Israel kein Volk, sondern ein sozialpolitisches Bündnis war. (ebd.)

Diese Einsicht hatte Veerkamp von Karl Barth: *„dass Glaube und Religion, Glaube und Frömmigkeit, zwei ganz verschiedene Sachen sind"* (73). Bei dieser Einsicht sollte Veerkamp bleiben. Über ‚Religion' und ‚Frömmigkeit' schreibt er durchgehend ironisch oder sogar gehässig.

Ein Jahr später liefert er einen Beitrag zu einem Sammelband CHRISTEN FÜR DEN SOZIALISMUS: ‚Der Bund und die Bündnisse'. In diesem Artikel will er über Begriffe wie ‚Bund, Verbindlichkeit, Bündnis, Betroffenheit' theologisch sprechen. Das heißt:

Wir wollen zunächst von der Betroffenheit, von der Verbindlichkeit Gottes reden. Dabei kommen wir nicht umhin, von Gottes Parteilichkeit zu reden. (122)

Zentrale theologische Begriffe sind ‚Bund' und ‚Erwählung'. Aber unter ‚Gott' wird nicht ein, wenn auch befreiendes, Höchstes Wesen verstanden:

Gott in Israel, das ist das [!] oder der, das immer scheitert. Aber dieses Scheitern ist konkret. Gott scheitert an den Herrschenden.

> *[...] Noch konkreter: dieses Scheitern ist nicht eine Niederlage in einer vornehmen Auseinandersetzung, sondern es ist eine blutige Angelegenheit, es ist das Scheitern unter den Händen von Verbrechern.* (125)

Dieses Motiv der Niederlage und die schonungslose Art, wie Veerkamp diese Niederlage darstellt, werden für sein ganzes Oeuvre typisch sein. In diesem Artikel ist es ein christologisches Motiv. Jesus ist gegen diesen Hintergrund der einzige positive Moment – sei es selbst wiederum als eine negative Größe:

> *Der Erwählte ist der Rabbi von Nazareth, der deswegen der ‚Christus' genannt wird. Also erwählt wird nicht ‚der Mensch', sondern ein Mensch, ein ganz bestimmter Mensch, der nicht nur einem ganz bestimmten Volk und damit einer ganz bestimmten Geschichte zuzurechnen ist, sondern der auch einer ganz bestimmten Klasse zuzurechnen ist.* (126f.)

Und kritisch gegenüber dem bei linken Christen so populären ‚Jesus war für die Armen' bemerkt er:

> *Jesus war nicht für die Armen, sondern er war selber ein armer Teufel, der seine eigenen Interessen vertreten hat und zwar mit einer Radikalität, die uns heute noch die Sprache verschlägt.* (127)

Veerkamp folgt hier aufs Neue Barth: Gott hat sich einzig und allein in Jesus Christus kenntlich gemacht:

> *Gott, so sagt der christliche Glauben, hat sich bedingungslos, unwiderruflich, endgültig und erschöpfend, restlos ausgesagt in diesem Menschen. Wenn überhaupt Gott, dann eben dieser, wenn überhaupt Herr, dann eben dieser, dieser Zermalmte, zu Tode gefolterte und krepierte politische Gefangene aus den unteren Schichten!* (128)

Veerkamp schreibt dies für eine ganz bestimmte Zielgruppe: Deutsche links-christliche Intellektuelle, Teil der 68er Bewegung. Er teilt ihre Kritik an einer verbürgerlichten Kirche und

Theologie. Seine eigene Aufgabe sieht er insbesondere darin, diese mit einer Kritik an der bürgerlichen Bibelwissenschaft zu präzisieren. Aber er richtet seine Pfeile auch auf diese Intellektuellen selber – auf ihr Verkennen der eigenen (Klein)Bürgerlichkeit, ihre Neigung, die eigene Rolle in der linken Bewegung zu überschätzen, ihren Voluntarismus (‚alle Räder stehen still, wenn euer mächtiger Arm es will'). Veerkamp stellt sie gern wieder mit beiden Beinen auf die Erde. Worum es geht ist, dass wir links-christlichen Intellektuellen uns solidarisieren (agapè übersetzt er hier schon mit ‚Solidarität' an Stelle von ‚Liebe' – wenn auch mit der Bemerkung: „wenn das nicht so hässlich wäre" [ebd.]) mit den Verdammten dieser Erde, mit denen sich ja Gott selber solidarisiert hat. Aber er gibt dabei nüchtern zu bedenken:

> *Uns, so wie wir sind. Als Angehörige unserer Klasse, die nicht die Arbeiterklasse ist und erst recht nicht die Klasse der Verhungernden in Indien oder Bangla-Desh oder in Äthiopien. Zu dieser können wir ja nicht per Willensakt übertreten, durch vielfache Presseerklärungen, durch Unterschriften unter kämpferische Flugblätter oder gar durch die Mitgliedschaft in einer kommunistischen Partei.* (141)

Vielleicht ist unser Auftrag weniger heroisch:

> *dass wir, die wir nun einmal ein bisschen mehr Bücher gelesen haben, ein bisschen mehr herumgekommen sind, ein bisschen mehr Muße hatten zum Nachdenken, unseren bescheidenen Beitrag zur Aufklärung und zur Entlarvung der Lügen liefern.* (ebd.)

Veerkamp wird es noch oft wiederholen.

Er spricht schon ein Thema an, das ihn auch später beschäftigen wird: die Anwendung von Gewalt in der Befreiungsbewegung, besonders in der Bibel. Es geht um die Nachfolge, das auf sich Nehmen des Kreuzes:

Ursprünglich [...] scheinen diese Worte [das Kreuz auf sich nehmen] nichts anderes gesagt zu haben, als dass Nachfolge der Eintritt in eine Kampfgruppe sei. Das kann also auch bedeuten, dass man, so wie Camillo Torres, die Waffe aufnehmen muss. (138)

2. Eine radikale Wende: Breukelman

Was dann kam, könnte man eine Bekehrung nennen, eine radikale Wende in der Methode des Bibellesens. Dieser Paradigmenwechsel ist verbunden mit dem Namen von Frans Breukelman:

> *Im Wintersemester 1975/76 war Frans Breukelman, ein reformierter Theologe aus den Niederlanden, Gastprofessor für biblische Theologie an der FU. Er war Schüler des auch in Deutschland nicht unbekannten Theologen K. H. Miskotte und des ebenfalls reformierten Schweizer Theologen Karl Barth. Er las die Bibel ‚jüdisch'. Thema seiner Vorlesung war das Buch Genesis, und da vor allem die ersten drei Kapitel. [...] Breukelman legte die Schöpfungserzählung nicht nur aus, er führte sie auf, hin und her laufend, schnaufend, wild mit den Armen gestikulierend. [...] Er vertrat eine konkordante Lektüre der Bibel: Da die Bibel in einer Gesellschaft entstand, in der die Adressaten Analphabeten waren, also keine Leser, sondern nur Hörer sein konnten, waren Wortwiederholungen ein notwendiges Mittel, um sich einen Text einzuprägen. Das bedeutet für die Übersetzung aus dem Grundtext, dass Wörter, die sich von einer bestimmten Wurzel herleiten, tunlichst immer durch Wörter des gleichen (indoeuropäischen) Wortstamms übersetzt werden sollen. Nur so lassen sich Textstrukturen abbilden und werden Zusammenhänge sichtbar, die sonst verborgen bleiben.* (Erinnerungen, 254f.)

Textstrukturen, Zusammenhänge. Bibellesen bedeutet die Bibel lesen und nicht hinter dem Text nach einem ‚ursprünglicheren' Text suchen, in dem die ‚echte' Bedeutung zu finden sei. Was übrigblieb war dann ein Konglomerat von Fragmenten, mit denen der Ausleger selber nach eigenem Belieben arbeiten konnte. Hinter diese fundamentale Einsicht von Breukelman würde Veerkamp nicht mehr zurückgehen. Aber:

> *Dennoch hatte ich bald das Gefühl, dass immer noch etwas fehlte. Ein Text ist immer ein Eingriff in die Diskurse seiner Zeit. Ohne Begriff für das, was damals die Menschen in Atem hielt, kann man solche Texte nicht begreifen. Strukturanalyse ist allenfalls die Hälfte der zu leistenden Arbeit.* (ebd.)

Die andere Hälfte ist, wie der Text in seinem gesellschaftlichen Kontext ‚wirkt', diesen ‚bearbeitet'. Text und Kontext zusammenzuhalten, das ist kurz gesagt Veerkamps Methode.

Die Entdeckung des NAMENS

1978 erschien sein erster Artikel ‚nach Breukelman': ‚Das Gottesmanifest', eine ausführliche Exegese von Ezechiel 34. Er umfasst insgesamt 46 Seiten, verteilt über drei der ersten vier Hefte von Texte und Kontexte, der exegetischen Zeitschrift, die von Veerkamp und seinen KumpanInnen Till Wilsdorf, Magdalene Winchenbach und Jaap van Zwieten de Blom gegründet worden war; Veerkamp war lange Zeit der Redaktionssekretär und schrieb in dieser Funktion die, oft theopolitischen, Vorworte. Man hört gleich am Anfang die Stimme Breukelmans:

> *Zunächst ist [..] die Stellung dieses Kapitels im Buch Hesekiel zu klären. Da wir ein Fragment auslegen wollen, müssen wir von Anfang an das Ganze ins Auge fassen. Das Ganze ist zunächst einmal die Bibel selber.* (Manifest I, 6)

Aber unmittelbar danach hören wir die politische Bibellektüre von Veerkamp selbst:

> *Hesekiel ist ein Buch aus der zweiten Abteilung der Schrift, die der ‚Propheten' (Nebiim). Zu dieser Abteilung gehören [...] auch die sogenannten Bücher der Geschichte Josua, Richter, Samuel und Könige (Landnahme, vor dem König, der König, nach dem König). Das ist insofern wichtig, weil durch diese simple Tatsache deutlich wird, dass nicht die großen (Staats)Männer die Hauptpersonen sind, sondern die Propheten, die jenen immer wieder im Wege stehen, dass also nicht so etwas wie eine Vorstufe zu unserer Art von Geschichtsschreibung vorgenommen wird, sondern dass die Annalen der Könige als Material für einen sehr parteilichen und einseitigen, eben prophetischen Kommentar benützt werden. Dass also gerade die Einseitigkeit und Parteilichkeit das ist, was die Schrift zur Schrift macht.* (ebd.)

Die Schrift, das ist:

> *[die] Einheit der ganzen Schrift, die vor allen Trennungen ist, [...] In erster Linie heißt das: die Trennung zwischen Altem und Neuem Testament aufgeben.* (Manifest III, 33)

Diese Stellungnahme ist polemisch, gerichtet gegen die Verselbständigung des Neuen Testaments als das eigentliche, wahre Evangelium. Denn die Trennung zwischen Altem und Neuem Testament aufzugeben, bedeutet:

> *die zwischen Gesetz und Evangelium [aufzugeben], als die dogmatische Gestalt jener ersten Trennung, und schließlich die zwischen Gesetz [legalistisch] und Propheten [eben ‚prophetisch'].* (ebd.)

Die praktische Bedeutung des Aufgebens dieser Trennungen hätte weitreichende Folgen:

> *Die ganze Spiritualisierung und Weltfremdheit würde verschwinden. Die kümmerlichen Reste der Kleinbourgeoisie, in*

denen die Kirchen zur Zeit noch verankert sind, müssten nicht auf unabsehbare Zeit die Stelle bleiben, wo allein das Evangelium noch gehört wird. Es könnte sichtbar und hörbar werden, dass Tenakh und Evangelium etwas zu tun haben mit [der Vision ‚wo die Stillen in Sicherheit siedeln, ohne Mauer siedeln sie'] (Ez 38,11), wie es der Priester, der Prophet war, Hesekiel, gesagt hat. (ebd.)

Aber die wichtigste Errungenschaft der Orientierung auf das Ganze der Schrift war die Entdeckung der entscheidenden Erzählfigur, die, solange man den Ursprung in der Vorgeschichte des Textes sucht, hinter dem Horizont verschwindet: JHWH, das Vierbuchstabenwort, das nicht ausgesprochen werden darf und deshalb umschrieben wird als der NAME oder, wie Veerkamp es anfänglich in der Nachfolge von Buber tut, als Personalpronomen: ER bzw. ICH, DU usw.

(Veerkamp wird im Laufe der Zeit JHWH verschieden wiedergeben, als Personalpronomen, als der EWIGE, der EINE und EINZIGE und schließlich als der NAME. Ich schreibe immer JHWH – in Bibelzitaten – oder der NAME.)

Der NAME ist das eigentliche Subjekt des Ganzen der Schrift: *Wir könnten natürlich sagen: ‚Nun gut, aber eigentlich bedeutet dies doch das Volk, die Unterdrückten, sie handeln, ihre Stimme wird hörbar, in ihrem Namen wird geredet und getan.' Eigentlich. Aber das bedeutet: der Text sagt etwas anderes als er sagt. Er sagt ER, er sagt Gott. Und nicht eigentlich etwas anderes, sondern er sagt eigentlich ER, Gott. Wir werden dem Text gerecht, wenn wir das aushalten, auch wenn wir sagen müssen: damit kann ich nichts anfangen. Eine ‚Modernisierung' des Textes in dem Sinne, dass wir ihn sagen lassen, was nach unserer Meinung eigentlich gemeint ist, ist aber keine Auslegung, sondern eine Ad-Acta-Legung.* (Manifest III, 23)

In anderen Worten:

dieses ICH ist nicht eine Chiffre für irgendein Kollektiv, das Volk, die Klasse, die Partei, die Bewegung oder sonst etwas. [...] Eins sollte klar sein: wenn ein ‚materialistischer Ansatz' bei der Auslegung biblischer Texte abermals nichts anderes ist als ein Trick, dieses ICH endgültig loszuwerden, sollte man lieber gleich das Kapital lesen; davon hätten wir alle mehr. Dieses ICH gehört zur innersten Struktur der Texte. (Manifest II, 38)

Das ist Selbstkritik. In ‚Wie ein Bund sich bewährte' war der Jahwehglaube noch die subjektive Erfahrung der Selbstbefreiung und objektiv das Sich-Durchsetzen der Bundesgenossenschaft einer Föderation von Kleinbauern. Der NAME kam darin nicht vor.

Es ist aber der NAME, der einsteht für das Recht der Verdammten dieser Erde, das Recht, das befreit:

SEIN Recht befreit; SEIN Recht [aber] befreit nicht überhaupt, etwa die Sünder, die wir schließlich alle sind (und die wir freilich alle sind!), sondern es befreit die Kränkelnden, die Hinauszerstreuten [Ez 34,4–5]. (ebd.)

Aber befreit der NAME tatsächlich, wird, christologisch gesprochen, SEIN Wort in der Tat Fleisch? Das wird die große Frage, mit der Veerkamp ringen wird, sein Leben lang. In ‚Das Gottesmanifest' überwiegt noch die Perspektive, dass das einmal Wirklichkeit war: ‚Der Triumph der Tora', SEINES Rechts:

Der Triumph der Tora – so wird erzählt, und es gibt keinen ernsthaften Grund, an dieser Erzählung zu zweifeln – erfolgte unter Nehemia, also um die vierziger Jahre des 5. Jh.s v. u. Z. (Manifest III, 28)

Was geschieht, ist die große Überraschung. Der persische König Kyros schickt Nehemia nach Juda, um dort zusammen mit der lokalen Elite für eine persische Ordnung zu sorgen. Aber es läuft anders:

Man hätte erwarten müssen, dass Nehemia sich, wie das Reichskommissare zu tun pflegen, auf die Seite der Herrschenden schlagen würde. Der tat das aber nicht. […] erzählt [wird], wie Nehemia einen Schuldenerlass durchsetzte sowie eine Bodenreform veranlasste und das Zinsverbot erneuerte. […] Dieses Ereignis, das in vielen Gebieten des Nahen Ostens und vor allem des Mittelmeergebietes seine Parallele hatte, wird nun verknüpft mit der Verkündigung der Tora. (29)

Hier wird schon angedeutet, was eine zentrale Kategorie in Veerkamps biblischer Theologie werden wird: die Torarepublik, in der Autonomie und Egalität, soweit es die gegebenen Umstände erlaubten, real existierten.

Abschied des Messias

Ein anderes Thema, das in dieser Zeit (1982) zum ersten Mal angesprochen wird und worauf Veerkamp immer wieder zurückkommt, ist ‚der Abschied des Messias', d. h.: der Abschied, den wir nehmen müssen vom Messianismus. Veerkamp bringt eine Auslegung vom Schluss des Markus-Evangeliums (15,33–16,8; 16,9–20 gilt als später hinzugefügt). Das Ende ist befremdend: die Frauen, die gehört haben, dass Jesus auferweckt ist, melden das nicht den Jüngern, wie ihnen aufgetragen war, sondern „hinausgehend, flüchteten sie von der Grabstelle […] und niemandem sagten sie irgendetwas, sie fürchteten sich nämlich." (Mk 16,8, Herv. DB) Aber was befremdet, ist von Bedeutung. Die Botschaft der Auferstehung, will Markus – will Veerkamp – sagen, ist so unglaubwürdig, dass sie Angst einjagt:

Markus will – so scheint mir – dass die Gemeinde versteht, dass alles vorbei ist, dass es so auf alle Fälle nicht mehr wei-

tergeht, nie mehr weitergehen wird. Er will sie konfrontieren mit der Angst. Er bringt keine erlogene und erstunkene Osterfreude. Er weiß auch nichts mehr als seine Leute. Es ist alles aus. (Epilog, 32)

Es wird auch so nicht mehr weitergehen, aber es geht, in letzter Sekunde, doch weiter. Die Gemeinde bekommt zu hören: „Voran führt er [Jesus] euch nach Galiläa, dort werdet ihr ihn sehen." (Mk 16,7) Aber zuerst hören wir den Schrei Jesu am Kreuz: *„eli,eli, lama sabachthani"*, das ist verdolmetscht: Mein Gott, mein Gott, warum hast du mich verlassen? (Mk 15,34):

Wie sollte man einen solchen Ruf des Messias verstehen? Dass Gott ihn verlässt? Was wäre das denn für ein Messias? Nein, der Messias tut jetzt das einzig Vernünftige, das erste Mal in dieser Leidensgeschichte, er ruft den Wundermann Elia herbei, nicht den Propheten [...] sondern den Wundermann, der laut Legende [...] rettet, wenn die Not am Höchsten ist. [...] Als Israel an das Kreuz geschlagen wurde [im katastrophalen Jahr 70, Ende des Jüdischen Krieges, Zerstörung des Tempels zu Jerusalem] kam aber keiner, weder aus dem Himmel oder sonstwoher, es abzunehmen. [...] Auch der bereits vor mehr als dreißig Jahren ermordete Rabbi von Nazareth, den einige Judäer und Galiläer als den gekommenen und kommenden Messias betrachteten, wurde mit der gleichen Elle gemessen. Aller Messianismus verblasste angesichts des furchtbaren Gottesversagens im Jahr 70. [...] Vom Messias wird erwartet, dass er befreit, sich selbst und andere. Und wo er in eine aussichtslose Situation gerät, soll sein Messianismus sich daran erweisen, dass Wunder geschehen, an ihm selbst und an seinem Volk. (15)

Markus zerstört diese Hoffnung. Jesus ‚entlässt' nicht, wie bei Matthäus, den Geist, sondern ‚entgeistet' (Mk 15,37). Im Prolog ‚steigt der Geist auf ihn hinab' (Mk 1,10), hier wird gesagt:

dieser Messias Jesus, der ‚mit Heiligem Geist' tauft und dessen ‚Begeistung' ihn zu seinem messianischen Auftrag befähigt, ist nicht mehr ... Messias! (16)

Kein Messias, kein Messianismus wird uns retten. Es ist (noch) nicht Veerkamps letztes Wort, aber er wird dahinter nicht mehr zurückgehen.

3. Im Lehrhaus

1983 erscheint ein Artikel, in welchem Veerkamp ein ausführliches Exposé seiner Hermeneutik gibt: ‚Im Lehrhaus – von der Einheit der Heiligen Schrift'. Die Einheit der Schrift, das ist Breukelman. Aber die Einheit betrifft eine politische Wirklichkeit:

> *Die Schrift ist ein Text; nicht eine Loseblattsammlung von Texten und Textchen, sondern ein einziger Text. Dieser eine Text nimmt Bezug auf eine einzige, alles überragende politische Wirklichkeit: die Vernichtung der autonom-politischen Identität Israels. Dieser Text setzt sich auseinander mit der Drohung, dass das Volk restlos in den Völkerozean zu verschwinden droht; er nimmt den Kampf mit diesem drohenden Untergang auf.* (Lehrhaus, 5)

Die theoretische Begründung liefert die bulgarische Linguistin Julia Kristeva. Ein Text ist, sagt sie, keine bloße Theorie, sondern eine Praxis:

> *jeder Text [repräsentiert] eine gesellschaftliche Praxis, […] diese Praxis [vollzieht] sich in zwei, gegeneinander relativ autonomen, Ebenen; die Ebene der Widerspiegelung schwebt ohne die Ebene der textmäßigen oder ‚sprachlichen' Eigengesetzlichkeit in der Luft. […] Es geht um die sinnvolle, strukturelle und materielle Verbindung der beiden Ebenen. […] materiell: die reale, irdische Geschichte bleibt das eigentliche Material der Sprache: Sprache ist materiell notwendige Kommunikation der Menschen um ein menschenwürdiges Dasein auf dieser Erde.* (ebd.)

Das klingt kompliziert und das ist es auch, aber es ist für Veerkamp ein notwendiger ‚Umweg'. Die Bibel ist ein Text und insofern auch Gegenstand von Texttheorie. Mit der Texttheorie von Kristeva kann klargemacht werden, dass die Bibel sich nicht außerhalb der gesellschaftlichen Wirklichkeit abspielt, sondern unauflöslich in sie verwickelt ist – indem die Bibel diese Wirklichkeit ‚bearbeitet' im Hinblick auf ihre radikale Veränderung. Veerkamp wendet sich hier gegen die Gefahr, dass die Auslegung sich wohl auf ‚die Einheit der Bibel' basiert, aber abstrahiert von der gesellschaftlichen Wirklichkeit, in die die Schrift interveniert. Sie bleibt dann (unbeabsichtigt, aber doch) stecken in Ästhetik: eine wunderschöne Struktur, alles stimmt, aber dabei bleibt es.

Der Kanon

Aber die Struktur ist dennoch wesentlich, um zu sehen, worin die Einheit der Schrift besteht. Veerkamp folgt dabei dem rabbinischen (masoretischen) Kanon, der Einteilung der Schrift in Tora, Propheten und Schriften, in der Grundsprache, dem Hebräischen, Tora – Nebiim – Khetubim, abgekürzt: TeNaKh.

Die Tora:

ist die Sache, um die es in der ganzen Schrift geht, nicht nur in der Synagoge, sondern auch in der Ekklesia. Die Tora bringt viele Mizwoth, Gebote, Chukkim, Dekrete, aber sie tut das merkwürdigerweise im Rahmen einer gigantischen Erzählung, die von Gen 2,4b–4,26 eingeleitet [Gen 1,1–2,4a ist nach Veerkamp ein Prolog zur ganzen Schrift] und von einer großen Rede Moses [Dtn 1–24] abgeschlossen wird. (8)

Sie entfaltet sich wie

ein Drama in drei Akten, ein Paradigma in drei Gestalten:

a) Dieses Israel ist nicht irgendein Volk, sondern das erstgeborene unter den Völkern; [...] Israel ist der ben-adam, der Menschensohn; alles, was Israel geschieht, geschieht dem Menschen. [...] Es geht [...] um Stellvertretung: den Weg, den Israel gehen muss, gehen alle Völker. Das Ziel dieses Weges, das Land, wo man nicht mehr Menschen, sondern nur Gott dienstbar sein wird, Ex 3,12, ist das Ziel aller Völker. Das Wort erez bedeutet nicht zufällig sowohl Land als auch Erde!

b) Das Land wird den Vätern verheißen, aber sie wohnen dort nur vorübergehend und müssen es verlassen (Gen 46). Damit wird die Tora-Erzählung zum Spiegelbild der neuen Lage im babylonischen Exil; das Land gehört nicht zum juristisch fixierten Besitz des Volkes; es kann es verspielen, wenn es die Bedingungen, unter denen es dort einziehen konnte, verletzt.

c) Das Land Ägypten, in das Israels Väter abwanderten, war ein Haus der Sklaverei (beth-aboda); Israel wird daraus durch seinen Gott befreit, [...] in der Befreiung offenbart Gott seinen Namen: Ich werde dasein, wie ich dasein werde [...] Das Kürzel dieses Namens ist JHWH; er ist unaussprechlich, nur offenbar in der Tat der Befreiung und der Verheißung des Landes. [...]

Diese dreifache Gestalt des Paradigmas ist der Kern nicht der ‚israelitischen Religion' [wir erinnern uns: Glauben und Religion sind zwei total verschiedene Sachen], sondern des irdischen Lebens Israels auf diesem Flecken Erde, erez khanaan. Diese Tora als Paradigma ist der Kern des irdischen Lebens aller Völker auf ihrem eigenen Flecken oder Fleckchen Erde, ist der Kern des Lebens aller bene-adam, aller Menschenkinder, auf der Erde. Aber das Paradigma ist kein Grundriss, sondern wesentlich Auftrag zur Befreiung, zur Befreiung des Landes, der Erde. (8f.)

Kein Auftrag aber ohne Ausführung. Von dieser Ausführung handeln die Propheten (Nebiim).

Das sind zuerst die ‚vorderen' (rischonim) Propheten (Josua – 2 Könige). Die Tora, d. h. Deuteronomium, ist das Programm, die rischonim erzählen, wie es um die Ausführung bestellt ist (10). Die ‚hinteren' (acharonim) Propheten (Jesaja, Jeremia, Ezechiel) und das sogenannte ‚Buch der Zwölf' (Micha – Maleachi) verkündigen Fluch und Gnade (11f.). Die Nebiim:

> *erzählen und deuten die Art und Weise, in der der Befreiungsauftrag der Tora (nicht) erfüllt wurde, und eröffnen Israel eine neue Perspektive. Diese Perspektive sahen die Redaktoren von Tora und Nebiim in der Torarepublik von Nehemia und Ezra teilweise als erreicht an.* (12)

Mit den Büchern Ezra und Nehemia befinden wir uns schon in der dritten Abteilung des TeNaKh: die Schriften (Khetubim). Sie enthält Texte verschiedener Art: Psalmen, Gleichsprüche, Hiob, die sogenannten fünf ‚Rollen' (Das Hohe Lied, Rut, Klagelieder, Prediger, Esther), Daniel, Ezra, Nehemia und die Chronik. Ein wirkliches Kompositionsprinzip ist nicht erkennbar. Dass die Khetubim mit den Psalmen anfangen, ist aber einsichtig:

> *Der Lobgesang und das Klagelied Israels, niemals ‚individuell', immer ‚kollektiv', begleitet das, was aus Tora und Nebiim zu vernehmen ist, ganz selbstverständlich.* (ebd.)

Der ‚Sitz in der Gesellschaft' von Daniel, Ezra, Nehemia und der Chronik ist der Widerstand gegen den Hellenismus (worin zum ersten Mal in der Geschichte das Geld die Welt regiert). In Daniel ist der Widerstand nur noch als Intervention vom Himmel her denkbar. Aber um vorzubeugen, dass dies nicht missverstanden wird, als sei eine Flucht ins Jenseits das letzte Wort, folgen die „Gründungsurkunden der Torarepublik, Ezra und Nehemia" (13), auf Erden also. Hier kommt zum ersten Mal das Buch Hiob zur Sprache, dem in Autonomie und Egalität (1992) ein ganzes Kapitel gewidmet sein wird:

> *Bei Hiob betreten wir schon das Gebiet der sozialen Auseinandersetzungen in der Torarepublik. [... angeklagt wird] die ‚Untätigkeit' oder Namenlosigkeit eines Gottes [...], der dies alles sieht und ungerührt bleibt: ein Mensch – unermesslich reich, desto tiefer sein Fall – landet durch soziale und ökonomische Katastrophen buchstäblich auf dem Misthaufen; ein Mensch als drastisches Exempel für die Unzähligen [die demselben Schicksal ausgesetzt sind]. Hiob ist der Aufruhr gegen die hellenistische Gleichschaltung Gottes.* (ebd.)

Soweit der TeNaKh, autoritativ sowohl für das rabbinische Judentum als auch für die Ekklesia.

Messianische Schriften und Talmud

Aber nicht nur die messianischen Schriften sind die legitime Fortsetzung des TeNaKh, sondern auch (und zuerst) der Talmud. Ob das Christentum und die Art und Weise, wie es sein ‚Neues Testament' versteht, auch die legitime Fortsetzung der Ekklesia mit ihren messianischen Schriften ist, ist für Veerkamp die Frage, mehr noch: fraglich. Bei den messianischen Schriften ist es noch eindeutig:

> *Der Aufbau ist [...] Tora-kongruent. Die vier Evangelien sind das Gegenstück zur Tora; Apostelgeschichte und apostolische Briefe das Gegenstück zu den Nebiim; die Offenbarung wiederum entspricht der Stellung der Khetubim. Geht man von der Tatsache aus, dass die Apostel so etwas wie einen Ersatz-Tenakh nie wollten, aber dass sie sehr wohl ein grundsätzlich neues Verhältnis zwischen Israel und den gojim anstrebten, so ergibt sich da-*

raus ein anderes Bild, als in der traditionellen Sprachregelung ‚A.T.' und ‚N.T.' [...] angeboten wird. Der analoge Aufbau bedeutet keinen Ersatz, sondern zeigt, wie sehr der Tenakh strukturbildend auch für den Kanon der Ekklesia blieb. (16)

Das grundsätzlich neue Verhältnis zwischen Israel und ‚gojim' ging nicht auf Kosten der Juden. Es war nicht der Anfang einer neuen (der christlichen) Religion, sondern einer neuen Wirklichkeit, in der alles, was Menschen von Menschen trennt, außer Kraft gesetzt wird:

nirgends wird das deutlicher und kürzer gesagt als in Galater 3,28:
nicht länger Judäer oder Grieche,
nicht länger Sklave oder Freier,
nicht länger männlich oder weiblich;
denn ihr seid eins im Messias Jesus
Alles, was Menschen von Menschen trennt: die politische Struktur (Volk gegen Volk), die soziale Struktur (Klasse gegen Klasse) und die Trennung der Geschlechter. Umfassender geht es nicht. Hier wird das Prinzip der Egalität aus der lokalen Begrenzung der Torarepublik herausgeführt und zum Ziel aller menschlichen Gesellschaft ‚im Messias Jesus' gemacht; es wird gesagt: alle Probleme Israels [...] sind nur lösbar, wenn die Probleme der Menschheit gelöst werden: Judäer/Grieche, Sklave/Freier, Mann/Frau. (30)

Aber das Christentum hat aus diesem neuen, messianischen Menschen einen ‚Christen' gemacht:

Wir kennen das; aus dem Citoyen wurde der Bourgeois und aus dem Genossen der stalinistische Parteiroboter. [...] Christentum ist das, was aus dem messianischen Weg nun gerade nicht entstehen sollte. [...] eine verhimmelte, nicht reale Gegenbewegung. (31)

Die Septuaginta

In dieser Verschiebung von torakongruentem Messianismus zum Christentum spielte auch die Kanonfrage eine Rolle. Veerkamp folgt in seinen Exegesen dem rabbinischen, masoretischen Kanon, dem TeNaKh, die Kirche dem der Septuaginta (die älteste griechische Übersetzung der jüdischen Bibel, laut Überlieferung das Werk von siebzig, Lateinisch: septuaginta, Männern). Der Unterschied ist wesentlich:

> *Die Septuaginta hat zwar ebenfalls drei Abteilungen, aber diese Einteilung ist rein formal. Vorweg kommt eine riesige historische Abteilung und die Tora wird zu einem historischen Abschnitt, chronologisch geordnet von der Schöpfung der Welt bis zur Landnahme [Josua]. Ohne Bruch geht es dann weiter bis in die makkabäische Zeit [Richter, Rut, Samuel, Könige, Chroniken, Makkabäer – die Bücher der Makkabäer stehen im Kanon der Septuaginta, im masoretische Kanon nicht]. Es folgen dann die [acht] poetischen Bücher [Psalmen, Sprüche, Prediger, das Hohe Lied, Hiob, Weisheit, Jesus Sirach, die Psalmen Salomos] und schließlich die prophetischen Bücher (darunter auch Daniel). [...] Es ist deutlich, dass damit die Struktur der christlichen Bibel eine ganz andere ist als die Bibel der Synagoge. Wahrscheinlich war in Alexandrien [wo die Septuaginta entstanden ist] die Sonderstellung der Tora unangefochten. Aber in der Ekkklesia wurde sie auf gut-hellenisch bald zu einem (uninteressanten) Geschichtskapitel, ein Auftakt von ‚Heilsgeschichte', von Adam bis zum Höhepunkt Jesus. Darin ist Israel Episode und notwendigerweise im ‚Relikt' Judentum hinderlich. Die Wurzel alles Antijüdischen liegt hier. [...] Exegese ist [also] entweder Tenakh-Exegese oder belanglose Spielerei.* (17)

Später (1996) wird Veerkamp der Septuaginta als Buch nicht des rabbinischen, sondern des alexandrinischen Judentums den Platz geben, der ihr gebührt – dabei zu bedenken gebend, dass die Septuaginta auch für die Apostel die Schrift war:

> *Sie (bzw. ihr verwandte Übersetzungen) war es, aus der die Apostel, Juden der jesusmessianischen Richtung, ihre Botschaft verkündigten.* (Stichworte, 12)

Er schreibt dann:

> *Auch in der Septuaginta geht die Tora voran und zwar der Sache und nicht nur der Zeit nach. Ich kann mir nicht vorstellen, dass die jüdischen Menschen Alexandriens, bei allem, was wir wissen, in der Tora nicht das Fundament ihres Lebens gesehen hätten. [...] Es hat unter den hellenistischen Lagiden [Name der im ptolemäischen Reich herrschenden Dynastie, mit dem Zentrum Ägypten] andere Erfahrungen gemacht als das toratreue Judentum im Land selber mit den hellenistischen Seleukiden Syriens. Deswegen konnte es sich auf den Hellenismus einlassen, ohne seine eigene Identität preiszugeben.* (ebd.)

Veerkamps Entscheidung für den masoretischen Kanon ist also:

> *eine Entscheidung nicht gegen Alexandrien, auch nicht für Javne (wo, nach der Legende, die Rabbiner die endgültige Gestalt des TeNaKh festlegten), sondern für uns, damit wir [von Texte und Kontexte] die Grundstruktur der Großen Erzählung verstehen. Denn die Septuaginta, die in unseren christlichen Bibeln fortlebt, legt durch ihre chronologische Struktur das Missverständnis nahe, Israel sei Praehistorie und die eigentliche ‚Geschichte' fange mit ‚Christus' an.* (13)

Torarepublik

Die Torarepublik ist in der Hermeneutik Veerkamps die politische Pointe der Tora, ihre ultimative Perspektive. Aber es ist auch eine historische Wirklichkeit: Die Tora wird zum Grundtext der real existierenden Torarepublik in der Zeit Ezras und Nehemias. Veerkamps Begeisterung kennt kaum Grenzen:

> *Es ist eins der großartigsten politischen Experimente der Menschheitsgeschichte gewesen und braucht sich vor der hellenischen Polis nicht zu verstecken. Dieses Projekt ist der Hintergrund der Einheit der Schrift: es ist der Wille, im Rahmen einer tributären Gesellschaft [in der der ‚Profit' durch das Erzwingen von Tribut realisiert wird], als Teil eines Großreiches, ein Gemeinwesen auf den zwei Säulen Autonomie und Egalität zu gründen.* (Lehrhaus, 22)

Die real existierende Torarepublik hat jedoch eine Schwachstelle: Sie war faktisch ein Vasallenstaat(chen), ihre Autonomie war beschränkt. Die Tora ließ sich unter den gegebenen Umständen nur sehr begrenzt durchsetzen. Mehr als ein ‚Optimum' ist nicht möglich, ist nie möglich, solange eine Ordnung herrscht, die für Autonomie und Egalität keinen Raum hat. Die Torarepublik war, innerhalb des tributären Systems, dieses Optimum. Die Lösung ist jenseits der herrschenden Ordnung zu suchen. Zu denken, es sei auch innerhalb dieser realisierbar, hat Veerkamp immer für utopisch gehalten: Abschied des Messianismus. Wohl ist dieses ‚Jenseits' nicht in den Himmel zu transponieren. Das ist gerade die Fluchtbewegung, die die Tora verhindert und die die Erlösungsreligion kultiviert. Aber auch die Religion kann eine Form des Widerstandes sein:

> *Die ‚Jenseitigkeit' solcher ideologischer Gebilde [wie Erlösungsreligionen] ist nicht Eskapismus, sondern das Gespür dafür, dass*

nur eine ‚ganz andere' Form des gesellschaftlichen Lebens, und letztendlich eine ‚ganz andere' Form des Produzierens, die Lösung der Probleme bringen konnte, also, dass etwas anderes als der Austausch von Herrschaftsformen gefragt war. (26)

Ob die Zeit für diese ‚ganz andere' Gesellschaft je anbrechen wird? Veerkamp bleibt dabei, dass die Schrift die Hoffnung auf eine solche Zeit nicht aufgibt:

Die prota [die ersten] und die eschata [die letzten Dinge] sind SEIN (Offb 1,8) und das konstituiert die Veränderbarkeit der Welt. (25)

Aber er fügt dem, typisch Veerkamp, gleich hinzu:

Aber es ändert nicht an sich schon die politische Ohnmacht. Es gibt Zeiten, in denen die einzige Möglichkeit das Ausharren ist. (ebd.)

Solche Zeiten sind in Veerkamps Optik die Regel, und die Zeiten, in denen so etwas wie das ‚ganz andere' geschieht, die Ausnahme.

Ein Leben lang ‚lernen'

Veerkamps Hermeneutik hat ihren Ort im ‚Lehrhaus', dem bethhamidrasch, der Institution, in der das Judentum sich in einer lectio continua, einer durchgehenden Lektüre, immer wieder vergegenwärtigt, *„was es heißt, ein Kind Israels zu sein"* (33). Analog dazu müssen auch wir Christen, denen der TeNaKh fremd (geworden) ist, wieder ‚lernen', was es heißt, Schüler des TeNaKh zu sein. Es geht auch hier um Kontinuität. Veerkamp wendet sich gegen die schludrige Art, wie linke Christen sich mit der Bibel beschäftigen – wenn sie sich überhaupt mit ihr beschäftigen:

Das Problem mit der ‚materialistischen' Exegese war, dass es weitgehend eine Modeerscheinung war; als sich herausstellte, dass auch mit materialistischen Ansätzen ‚auf die Schnelle' nichts zu erreichen war, verkümmerte das Interesse sehr schnell. Täglicher Umgang mit diesem Buch – und das auf Jahre hinaus, ja ein Leben lang – ist die einzige Methode, mit der man weiterkommt. (35)

Dies ist die einzige Möglichkeit, es in dieser Zeit – in allen Zeiten – ‚auszuhalten'. Veerkamp ist der Theologe des Lehrhauses.

Er spricht dabei zuerst für sich selbst:

Könnte ich Politik machen, wenn ich mir nicht immer wieder sagen lassen würde, was ich von mir aus nicht glauben könnte, sondern was diese Welt dauernd zu widerlegen scheint: dass diese Welt nicht dem tohu, diesem bedrohlichen Chaos, gewidmet ist, das Sicherheitsexperten planen? Muss ich mich nicht täglich diesem Prophetenwort beugen, das keinen Widerspruch duldet, damit ich überhaupt einen einzigen Schritt auf dem Weg zum neuen Himmel und zur neuen Erde vorankommen kann? Mir ist zumindest kein anderer Grund offenbar, auf dem ich stehen und gehen konnte, als dieser:

Ja, denn,
so hat ER gesprochen,
Der den Himmel schafft,
er eben ist der Gott;
der die Erde bildet und sie macht,
er eben erhält sie;
nicht als Irrsal (tohu) hat er sie erschaffen,
zum Besiedeln hat er sie gebildet –
ICH bin's und keiner sonst (Jes 45,18) (36)

Das ist Veerkamps Credo und das wird es bleiben.

4. Die Vernichtung des Baal

1983 erscheint Veerkamps erstes Buch, DIE VERNICHTUNG DES BAAL. AUSLEGUNG DER KÖNIGSBÜCHER (1,17–2,11). Das Königtum war schon Thema in DAS GOTTESMANIFEST, worin er schreibt, dass die Hauptpersonen in den Königsbüchern nicht die Könige, sondern die Propheten sind, mit ihrem sehr parteilichen und einseitigen, also prophetischen Kommentar. Auch DIE VERNICHTUNG DES BAAL ist unerhört scharfe Königskritik.

Es gibt auch ein Unterthema: die Anwendung von Gewalt durch die Befreiungsbewegung – auch durch Gott selbst. Veerkamp warnt:

> *Es handelt von Gott, von den ‚verzerrten Zügen' Gottes, von seiner ‚heiseren Stimme'. es handelt von seiner Parteilichkeit. Erfreulich ist diese Lektüre nicht, weil offenbar auch bei Gott Menschlichkeit und Freundlichkeit nicht identisch sind.* (Baal, 4)

Die Geschichte des Königtums wird hier als Rückblick auf ein gescheitertes Experiment geschrieben. Es war das Experiment eines Königtums, das die Autonomie Israels ermöglichen sollte, ein Königtum im Geiste JHWHs. Sein faktischer Verlauf ist katastrophal, im Allgemeinen tun Könige ‚das in JHWHs Augen Böse'; Könige, die ‚das in JHWHs Augen Gerade' tun, sind die Ausnahme. Könige sind dann auch im Buch der Könige selten *„märchenhaft"* (Veerkamp wird an Salomo gedacht haben), *„meistens aber werden sie als Lumpen dargestellt"* (6). Es ist prophetische Geschichtsschreibung, Geschichte von unten betrachtet. Von oben betrachtet waren die Könige Israels so normal wie die Könige in ihrer Umwelt. Zwar bekommt der Rest Israels unter König Josia noch eine Chance, *„aber schon unter dessen Söhnen kommt für das Experiment Königtum in Israel das endgültige Ende“* (13).

JHWH oder der Baal

Den Höhepunkt des Buches Könige bildet der Kampf zwischen Prophet und König, zwischen Elia und Achab. Es geht um die Frage: wer ist Gott, JHWH oder Baal. Für die Propheten war das die eigentliche, die für das Leben Israels entscheidende Frage:

> *Die Antwort entscheidet über Leben oder Tod, Zukunft oder Vernichtung. Sie ist niemals eine religiöse Frage gewesen, es ging nicht um eine Kultform, sondern es ging in der Tat um Leben oder Tod.* (10)

Das Gefecht findet auf dem Berg Karmel statt, wo die Baalspriester vergeblich versuchen, ihren Gott dazu zu bewegen, sich als der wahre Gott zu offenbaren, und wo Elia JHWH aufruft: „JHWH, Gott Abrahams, Jizchaks und Israels, heute werde erkannt, dass du Gott in Israel bist“, worauf in der Tat die Antwort JHWHs selber folgt („JHWHs Feuer fiel herab“) und das Volk bekennt: „JHWH ist der Gott, JHWH ist der Gott“ (1 Kön 18,36–39).

Was den Königen Israels immer wieder vorgeworfen wird, ist, dass sie ‚die Gebote JHWHs verlassen‘ und ‚hinter den Baalen‘ (Mehrzahl, denn die ‚Götter‘ sind Legion) hergehen‘:

> *Die Beziehung zwischen den beiden Vorwürfen ist ‚dialektisch‘, das heißt, das eine bedeutet sofort und notwendig das andere. Verlässt man JHWHs Gebote, geht man den Baalen nach, man kann gar nicht anders. Erkennt man JHWHs Macht nicht an,*

dann verfällt man der Macht anderer. Oder: schafft man Gott ab, wird Anderes oder werden Andere zu ‚Gott'. (38)

Es ist eine Religionskritik, die Veerkamp gleich darauf auf den so religionskritischen Marxismus anwendet:

Nicht einmal der Sozialismus, der nun endgültig mit aller Religion – zu Recht! – Schluss machen wollte, kam ohne ‚Gott' in der Form des Personen- oder Systemkultes aus. Der Irrtum des Atheismus besteht darin, dass die Abschaffung ‚Gottes' eine einmalige, nur rational zu vollziehende Handlung sein soll: habe man eingesehen, dass es ‚wissenschaftlich' gesehen keinen ‚Gott' geben kann, so sei man aus dem religiösen Schneider. Unter der Hand sprießen überall neue ‚Götter' aus dem dergestalt umgepflügten Gottesacker hervor. ‚Gott' muss man andauernd abschaffen – dazu bedarf es – Gott! (ebd.)

JHWH oder der Baal, das ist es, was auf dem Karmel auf dem Spiel steht. Aber es betrifft hier kein Zwischenfall:

wir [haben] es hier mit einer paradigmatischen Erzählung zu tun, in der in unendlicher Verdichtung die ganze Revolution der Propheten, die ganze Widerstandsbewegung und ihr Ergebnis zusammengefasst wird. (40)

Entscheidend ist die Rolle des Volkes. JHWH ist der Gott Israels. Wir werden keine Zuschauer bei *„eine[m] olympischen Wettstreit zweier Götter"*. Es geht um die Frage,

was im Lande [pars pro toto: die Erde] maßgebend sein soll: JHWH oder Baal. Deswegen ist der Höhepunkt der Erzählung erreicht […], wo das Volk sich entscheidet: JHWH, er ist der Gott (also nicht der Baal). (45)

Veerkamp betont die universale Reichweite der Erzählung:

Israel steht hier […] stellvertretend für alle Völker, denen keine [andere] Alternative [als JHWH oder Baal] gegeben ist und zwar bis auf den heutigen Tag. (47)

Die Niederlage

Aber nach dem Sieg folgt die Niederlage, nach der Befreiung die Wüste. Elia muss flüchten, in die Wüste. Da fällt der Name Beersjeba. Veerkamp sieht einen Zusammenhang mit Gen 21, mit der Flucht der Sklavin Hagar mit ihrem Sohn Ismael ‚in die Wüste von Beersjeba'. Tora und Propheten. So wie Hagar sterben will, weil sie nicht ansehen kann, dass ihr Sohn Ismael stirbt, so will Elia, der keinen Sohn hat, sondern der Sohn Israels ist, „an dem alles hängt", sterben. Aber anders als in der Tora, wo Ismael (‚Gott hört') gerettet wird, findet der Prophet kein Gehör:

> *Der Prophet erklärt hier seinen Bankrott und den Bankrott Israels, sein Ende ist nichts anderes als die konsequente Fortführung Israels, das schon längst zu Ende ist und das ihn ausgestoßen hat [...] wie einst Abraham den Sohn der Sklavin.* (61)

Tora und Propheten. Die Tora jedoch verkündet Befreiung, aber: *„diese neue Geschichte ist nichts als eine grausame, verzerrte Karikatur jener alten Geschichte"* (ebd.).

Elia will sterben. Nicht, weil er persönlich Schiffbruch erlitten hat, sondern weil er ohne Israel nicht existieren kann. Und trotzdem, Elia kommt „bis zum Berg Choreb" (1 Kön 19,8) – aufs Neue ein Hinweis auf die Tora. Auf diesem Berg ist Israel der Bundesgenosse von JHWH geworden, hat es die Tora empfangen. Elia aber geht in eine Höhle. Dort meldet sich JHWH, mit einer Frage: „Was willst du hier, Elia" (1 Kön 19,9)? Und Elia antwortet mit einer Klage: „verlassen haben ja die Söhne Israels deinen Bund, [...] ich allein bin übrig, sie trachten mir nach der Seele, sie hinwegzunehmen" (1 Kön 19,10) Auf die Klage folgt aber keine andere Antwort als: „Heraus, stell dich hin auf den Berg vor dem Antlitz JHWHs" (1 Kön 19,11). Und dann folgt die ‚Offenbarung'. Diese besteht zuerst in einem ‚Vorüberfahren' und: *„Zum Vorüberfahren gehört wesentlich das, in dem JHWH nicht ist.“* (74)

Nicht der Machterweis des Exodus-Gottes, sondern, wie Buber übersetzt: eine Stimme verschwebenden Schweigens. Diese Verbindung von ‚Stimme‘ und ‚Schweigen‘ begreift Veerkamp als ‚unheimlich, verwirrend-bedrohlich‘. Eine Übersetzung wie ‚ein stilles, sanftes Säuseln‘ zum Beispiel besänftigt, was gar nicht ‚sanft‘ gemeint ist. Indem er der Übersetzung Bubers folgt, wendet er sich gegen das, was er als ‚wüsteste Spekulationen‘ bezeichnet:

> *als ob das Geheimnis Gott in entscheidender Weise gelüftet und ein entscheidender Schritt in Gotteserkenntnis gemacht wurde. [...] Was Elia am Einlass der Höhle erfährt, ist tatsächlich eine grundsätzliche Erkenntnis Gottes, nur nicht im Sinne einer vertieften und vergeistigten religiösen Erfahrung. [...] Wenn hier überhaupt von Erfahrung gesprochen werden kann, dann ist es die Erfahrung des Gottesschweigens, die Israel so oft hat machen müssen.* (74.77)

Das Sprechen Gottes geschieht hier in der Form einer ‚Stimme verschwebenden Schweigens‘ und was diese sagt, klingt hart. Elia bekommt einen Befehl: *„‚geh! kehre um auf deinem Weg!‘ Nichts von einem Zuspruch, einer Vertröstung, nur barscher Befehlston [...]“.* (78)

Elia bekommt drei Aufträge: Chazael salben zum König über Aram; Jehu salben zum König über Israel; Elisa salben zum Propheten an seiner Stelle. Ihm wird auch gesagt, warum er diese drei Aufträge ausführen soll: *„die Männer, die er einsetzen soll, sollen töten, töten, töten [Chazael tötet, Jehu tötet, Elisa tötet].“* (ebd.)

Das Problem der Gewalt

Ermutigend scheint zu sein, was folgt: „Und JHWH wird einen Rest lassen in Israel, siebentausend, alle Knie, die sich vor dem Baal nicht bogen, allen Mund, der ihn nicht küsste“ (1 Kön 19,18).

Aber was faktisch passiert, ist ein Blutbad. Und zwar ein Blutbad, worin JHWH selber verwickelt ist. Das Unterthema der Gewalt stellt sich als ein theologisches Thema heraus:

> *Die Erzählung lässt [...] keinen Zweifel daran bestehen, dass das Blutbad, das in Israel Jehu, der König, und Chazael, der König der Feinde von Damaskus, und Elisa, der Künder, anrichten werden, von JHWH und von Elia zu verantworten ist. Die Stimme ist der Gott, der sich an seinem eigenen Volk vergeht. Tötete Elia die Künder des Baal, so lässt dieser Gott Israels bis auf einen Rest Israel töten. [...] Diese Erzählung ist aber Israel einzuschärfen: so wurde es gewollt, genau so wie es gekommen ist. Dies ist ein barbarischer Gott. Dies ist genau, was passiert, wenn der eine Teil des Volkes aufsteht gegen den anderen Teil des gleichen Volkes, wenn die Widersprüche unüberbrückbar und unversöhnlich geworden sind. Und nun steht dieser Gott nicht über den Parteien, sondern er ist die eine Partei und er macht sich die Hände schmutzig, schmutzig von Blut, denn JHWH ist es, der einen Rest übriglässt, also ist JHWH es auch, der vertilgt. [...] Die Parteilichkeit Gottes ist keine Idylle, sondern schmutzige Politik.* (ebd.)

Was Veerkamp hier tut, ist die radikale Konsequenz dessen, was Breukelman (genauer: sein Schüler Karel Deurloo) lehrte, dass der Text das Sagen hat: wir müssen auch diese Erzählungen sagen lassen, was sie sagen, der gewalttätigen Seite JHWHs nicht aus dem Weg gehen oder sie besänftigen (‚ein stilles, sanftes Säuseln‘). Extrem provozierend schreibt er: *„Die Fleischwerdung Gottes beginnt hier“* (80). Anders gesagt:

> *hier beginnt sein Abstieg vom Thron des himmlischen Herrschers bis zum Schandkreuz des zermalmten Sklaven, weil hier seine Einmischung in die Kämpfe der Menschen an der Seite der Opfer des Baals und der Könige beginnt.* (ebd.)

Veerkamp verschweigt nichts, er rechtfertigt auch nichts. Was wir zu hören bekommen, ist grausam. Aber:

> *Wer an dieser Stelle nicht stutzig wird, wer sich nicht fragt, ob die Texte wohl richtig gedeutet worden sind, wenn er zugibt, dies wäre wohl die einzig mögliche Deutung, nicht denkt: mit dieser Deutung will ich nichts zu tun haben, der hat noch nicht verstanden, um was es sich hier handelt. […] Folgendes mag vielleicht nützlich sein. Es kann in der Geschichte jedes Volkes ein Augenblick kommen, in dem die Gegensätze so aufbrechen, wie sie z. B. 1978/79 in Nicaragua aufgebrochen sind. Da ist die Frage nicht mehr: wie kann ich mich heraushalten? Sondern die Frage ist: auf welcher Seite stehst du? Und diese Frage wird dann nicht abstrakt gestellt, in einer akademischen oder frommen Debatte über ‚Solidarität mit den Unterdrückten', wie es immer so schön – und weltfremd – heißt, sondern die Frage wird immer konkret gestellt. Es erscheint der Untergrundkämpfer, der um Versteck bittet; es erscheint die Nationalgarde, die um Informationen erst gar nicht lange bittet, sondern sie aus einem herausfoltert. Es kommt dann der Punkt, wo Farbe zu bekennen ist. Und der ist in seiner Seele und in seinem Gehirn krank, der sich nach einer solchen Stunde der Wahrheit sehnt. […] Kommt aber die Stunde, so rettet einen ‚kein höheres Wesen', wie es in der ‚Internationale' heißt. […] Eine solche Stunde hatte in Israel […] geschlagen. Der Gott Elias bekam keine Chance, sich herauszuhalten. Pardon wird nicht gegeben, wie dieser Gott an eigenem Fleisch, im Fleisch des Rabbi von Nazareth, erfahren wird.* (79f.)

Aber die Gewalt ist nicht endlos. Dass Veerkamp die Linie dieser blutigen Geschichte bis auf Jesus weiterführt (zum Schandkreuz des zermalmten Sklaven), weist auf ein anderes Ende hin:

> *Am Ende seines Abstiegs, am absoluten Ende Golgotha, wird dieser Gott aufstehen, aber nicht ohne die blutigen Zeichen seines entsetzlichen Leidens.* (80)

Der wahre König

Am Ende seiner Auslegung kommt Veerkamp nochmals auf die Figur Jehu zurück. Dieser hat ein gutes Werk getan: Er hat die Ehre JHWHs gerettet, mit blutiger Gewalt. Er ist in der Reihe der Könige der einzige, von dem nicht gesagt wird, dass er ‚das in JHWHs Augen Böse getan' hat. Im Gegenteil, JHWH erklärt selber, dass er ‚das in JHWHs Augen Gerade' tat. Aber:

> *Er errichtet diesem Jehu keine Königschaft in Weltzeit, wie er es ‚dem König in der Mitte seiner Brüder' David getan hat.* (270)

Denn: *Wird die Gewalt nur mit der Gewalt erschlagen, rührt sich keine Menschlichkeit mehr. Gewalt ist nur mit Menschlichkeit zu schlagen.* (268)

Auch wenn Veerkamp dem gleich hinzufügt: *„zuweilen hat das mit der Waffe in der Hand zu geschehen"* (ebd.).

Jehu ist der wahre König also nicht. Wer es ist oder sein wird, lässt Veerkamp offen, hier und auch weiterhin. In der Tora bleibt dieser König Programm (Dtn 17,1–20). Jesus sieht ihm zum Verwechseln ähnlich, sieht auch Gott zum Verwechseln ähnlich, aber ob er der wahre König, der Messias ist, bleibt eine offene Frage.

Die Kritik des real existierenden Königtums wird konkretisiert in zwei exemplarischen Erzählungen. Die erste Erzählung handelt von einem Krieg zwischen Ben Hadad, dem König von Aram, und Achab, dem König von Israel (1 Kön 20). Wie auf dem Karmel geht es darum, dass in diesem Krieg Gott sich zu erkennen gibt. Dieser Krieg ist deshalb total (JHWH oder der Baal). Der Feind muss ‚gebannt' werden, das heißt: bis zum letzten Mann ausgerottet. Aber Achab arrangiert sich mit Ben Hadad und schließt Frieden. Er erweist sich als ein König wie alle Könige.

Ein heiliger Krieg?

Veerkamp wendet sich schärfstens gegen die – in der Bibelwissenschaft breit geteilte – Vorstellung, dass wir es hier mit der Institution des ‚heiligen Krieges' zu tun hätten. Das Exemplarische dieser Erzählung besteht gerade darin, dass der Krieg schlechthin unheilig ist, gleich ob dieser im Namen JHWHs geführt wird oder nicht. Es geht in dieser Erzählung darum, welcher Typ von Krieg geführt wird: der ‚normale Krieg', zwischen den Machthabern, oder der Befreiungskampf. Und dieser Befreiungskampf – der dadurch übrigens nicht heilig wird – unterscheidet sich von dem anderen Krieg auch qualitativ:

> *nicht auf SUS-WARAKHEB, auf Rossmacht und Fahrzeug, [sich stützend], sondern auf die Traditionen der Volkskriege, bzw. der Befreiungskriege. [...] Der Kampf geht niemals gegen Völker, sondern immer gegen Könige.* (96f.)

Diese Erzählung verortet sich also in der Tradition des Befreiungskampfes Israels gegen die Könige und ihre Baale:

> *Der ‚heilige Krieg' ist aber nicht eine besondere Institution, sondern vielmehr der prophetische Versuch, eine Alternative zum Krieg als Herrschaftsinstrument zu finden; denn auch Vertei-*

digungskriege können Herrschaftsinstrumente sein, vor allem dann, wenn sie in der Wahl der Mittel bestimmt werden von den Methoden der Angreifer. Wenn Krieg unvermeidlich wird, soll zumindest am Ende, nach dem errungenen Sieg, nicht eine Militärgesellschaft entstanden sein. (98)

Der sogenannte ‚heilige Krieg' war also, gerade als ‚totaler', ein unmöglicher Krieg. Wozu Veerkamp allerdings bemerkt: *Natürlich hat kein Mensch gewusst, wie solche Vorstellungen in konkrete Politik umgesetzt werden konnten.* (ebd.)

Veerkamps Verlegenheit mit der Gewaltfrage ist mit Händen zu greifen. Aber verdrängen will er sie nicht.

It's economy

Die zweite Erzählung handelt von der Konfrontation des Königs von Israel, Achab, mit Nabot, dem Eigentümer eines Weinberges (1 Kön 21). Es geht um die Eigentumsfrage, um Ökonomie also. Was in dieser Erzählung beschrieben wird, ist von allen Zeiten und historisch konkret zugleich:

Akkumulation des Grundbesitzes in den Händen von immer weniger Familien ist ein ökonomisches Gesetz, das die ganze Wirtschaftsordnung der Antike bestimmt. Es lief über einen Prozess, den wir gewöhnlich als einen ‚ökonomischen Ausleseprozess' darstellen: die Schwächeren müssen sich verschulden, geraten in Abhängigkeit und schließlich in Sklaverei; die Schuldherren, die Stärkeren, werden zu Herren über riesige Domänen, vor allem die Könige. (106)

Achab, der König (Israels!) wird in dieser Erzählung entlarvt als der Despot, der kein Mittel scheut, um Nabot seines Weinbergs zu berauben: Mit Hilfe zweier falscher Zeugen, die Nabot beschuldigen, „Gott und den König ‚abgesegnet' zu haben", wird Nabot zu Tode gebracht. Die Crux der Erzählung ist die Weigerung Nabots, seinen Weinberg dem König zu verkaufen. Er beruft sich auf das Verbot, „dir mein Vätereigentum zu geben" (1 Kön 21,3). Denn das Land ist JHWHs (Lev 25), Besitz ist ‚Leihgabe', allen Israeliten zum Gebrauch gegeben. Großgrundbesitz ist darin nicht vorgesehen. ‚Vätereigentum', das klingt nach Tradition, nach: *„eine[r] ursprünglichere[n] Form der Gesellschaftsordnung Israels"* (111f.).

So argumentiert die historisch-kritische Methode, die im ‚Ursprünglicheren' das ‚Echte' sucht. Aber das Verbot, sein Land zu verkaufen, datiert im Buch der Könige (dem gegebenen Text also) aus der Zeit,

> *nachdem es [...] zu einer massenhaften Vertreibung kleinerer Bauern von ihrem Grundbesitz gekommen ist.* (112)

Der Widerstand Nabots steht für die Opposition gegen die herrschende Ordnung. Die Erzählung ist paradigmatisch:

> *‚Achab' war das vorherrschende Verhältnis; ‚Nabot' ist die politische Forderung, gegen alle Tradition von Kaufen und Verkaufen, die Unveräußerlichkeit des ‚Vätereigentums' gesetzlich zu verankern. [...] So steht Nabot nicht für die Vergangenheit eines überholten ‚Jahweh-Rechts', sondern für die Zukunft eines Israels, in dem die Klassenverhältnisse zwar nicht aufgehoben, aber durch die Besitzwillkür einschränkende Maßnahmen doch entschärft werden.* (111f.)

Die machbare Revolution

Keine endgültige Lösung also, aber wohl das unter den gegebenen Umständen Machbare.

Das ist auch alles, was das Buch der Könige über den Konflikt zwischen JHWH und Baal, Prophet und König sagen kann. Zwar gilt:

die Frage, wer der Gott ist in Israel, [ist grundsätzlich entschieden]; exemplarisch vollzogen ist diese Gottesrevolution bereits an zwei Königen – Achab und Achazjahu. (152)

Aber:

noch ist kein Umbruch da. Die Omriden herrschen uneingeschränkt, [...] Nichts von dem, was JHWH Elia aufgetragen hat, ist erfüllt. (ebd.)

Nach Elia musste noch ein Elisa kommen. Und nach Elisa?

Elisa war derjenige, der den Riss, den Elia zwischen König und Königsgott geschlagen hatte, praktisch zu einer Politik der Revolution machte, um des gerechten Königs willen. Das Ergebnis war Jehu. (155)

Veerkamp macht so auf einen Widerspruch aufmerksam, mit dem die prophetische Bewegung unvermeidlich zu tun bekommt:

sie hat gesetzt auf den ‚gerechten König' und sie konnte sich politisch nur als ‚Bewegung der Streitkräfte' durchsetzen. Jehu war Offizier und er wurde König – altorientalischer König. [...] Das Ergebnis war, dass sich genau die Machtverhältnisse, die Elisa zu ändern bestrebt gewesen war, wieder verfestigten. (ebd.)

Um diesen Widerspruch gut zu begreifen, greift Veerkamp, wie so oft, auf Marx zurück:

Dieser Widerspruch hat etwas zu tun mit der Tatsache, dass die Produktivkräfte und die auf ihnen basierenden Produktionsver-

hältnisse keine wesentlich anderen Gesellschaftsformationen ermöglichten. (ebd.)

Wieder hören wir, implizit, dass nur eine Revolution, die sich perspektivisch auf eine ‚ganz andere' Gesellschaftsformation orientiert, diesen Widerspruch überwinden kann. Ob diese Revolution je kommen wird?

Aber doch

Die Revolution aber beginnt mit der ‚Vernichtung des Baal':

> *Man kann sagen, dass ohne die Vernichtung des Baal Israel zu einem goj unter den vielen kleinen gojim geworden wäre, ein goj, der dem großen politischen und sozialen Umbruch, der von den Babyloniern initiiert, von den Persern fortgesetzt, von Griechen und Römern zu Ende geführt wurde, ebensowenig standgehalten hätte wie die Brüdervölker Edom, Moab, Ammon, wie der Erbfeind von ehedem Philistea und Damaskus. Ohne die Vernichtung des Baal hätte es weder Judentum noch Christentum gegeben, [...] Nur darf die Vernichtung des Baal nicht als rein ideelle Umwälzung gesehen werden. [...] Es handelt sich [...] um das Ergebnis und um die ideologische Konzentration eines Kampfes auf Leben und Tod der altorientalischen Despotie einerseits und den ums nackte Überleben kämpfenden kleinen Grundbesitzern andererseits.* (266f.)

Dies ist auch eine indirekte Antwort auf die Frage nach dem Realitätsgehalt dieses fundamentalen ideologischen Kampfes: Israel hat standgehalten, Judentum und Christentum sind historische Größen. Ambivalente Größen – Veerkamp lässt darüber keinen Zweifel. Aber dennoch: die Revolution hat begonnen.

Ein sich totlaufender Weg, eine Sackgasse?

Das Buch der Könige beschreibt einen Weg, den ‚Weg der Könige Israels', gesehen mit den Augen der Propheten. Eine Zeit lang schien eine Allianz von Prophet und König eine reale Option: der Konflikt mit den gojschen Königen konnte auf dem Schlachtfeld ausgefochten werden. Aber es stellt sich heraus, dass es ein sich totlaufender Weg war:

> *Assur ist militärisch nicht besiegbar, es sei denn durch eine ebenbürtige Macht (wie Babel), die dann ihrerseits für Israel zu einer ähnlichen Bedrohung werden muss.* (289)

Noch ist es nicht soweit:

> *Aber schon zieht jener Fluch auf, der am Ende des Königsweges Israels über das Volk kommen wird. Und zwar nicht als ein von einem Dämon verhängtes Schicksal, sondern als Folge einer Politik, die in die Katastrophe führt. [...] Solche Politik führt immer und überall, bei allen Völkern in die gleiche Katastrophe; keinem der Völker, mit denen Israel so blutige Erfahrungen machte, ist sie erspart geblieben. Damaskus wird zerstört, Assur und Ninive auch, ebenso wie Babel und Susa. Auch Rom wird diesem Schicksal nicht entgehen, weil es kein Schicksal ist, sondern selbstverschuldetes Ende einer menschenfeindlichen Politik.* (296f.)

Ein sich totlaufender Weg, aber kein Schicksal. Unvermeidlich ja, aber als Resultat einer bestimmten Politik. Schmal ist die Grenze zwischen ‚das ist die Folge einer verkehrten Politik' – und also veränderbar – und ‚so geht es nun einmal'. Veerkamp macht sich über das, was unter den gegebenen Umständen möglich ist, keine Illusionen. Aber er weigert sich, diese Grenze zu überschreiten.

Theoretisches Intermezzo

Es folgt das, bei Veerkamp übliche, theoretische Intermezzo, worin der Frage nachgegangen wird, ob und inwiefern der Exeget sein Instrumentarium von Marx leihen kann – und, wenn die Antwort positiv ist, auch leihen muss. Als erstes bietet sich da der Begriff ‚Klassengesellschaft' an. Aber Veerkamp gibt seinen linken Lesern kritisch zu bedenken:

> *Auch der Begriff Klassengesellschaft kann idealistisch benutzt werden. Wer z. B. nicht sehen will, dass der König bzw. das Königtum unter bestimmten Verhältnissen die einzige Hoffnung der Armen darstellen muss, der muss jede messianische Erwartung als etwas zutiefst Reaktionäres verwerfen. Das gleiche gilt für den Priester; wer ihn nur sieht als mit politischen Vollmachten ausgestatteten Manipulator des Bewusstseins (was viele Priester tatsächlich waren), muss die ganze nachexilische Entwicklung Israels [die Torarepublik wurde von Priestern geleitet] als Abweichung vom Weg der Propheten sehen.* (308)

Der Satz über den Priester richtet sich gegen die ‚materialistische Exegese' von Belo und Clevenot, die sich in den 70er und 80er Jahren in links-christlichen Kreisen großer Popularität erfreuen durfte. Dort galt der Priester als schlechthin reaktionär, verbunden mit der Auffassung, die Bibel enthielte sowohl eine ‚progressive' (prophetische) als auch eine ‚konservative' (priesterliche) Linie. Veerkamp sah dies schon in Das Gottesmanifest kritisch. Es ist, schreibt er, eine linke Variante der sogenannten ‚Quellentrennung', die hinter dem Text nach (ursprünglicheren) ‚Quellen' sucht. Er dagegen geht, wie wir sahen, von der ‚Einheit der Schrift' aus, der Einheit einer ‚gigantischen Befreiungserzählung' (Manifest III, 32).

‚Marxistische Allgemeinheiten' bringen uns nichts. Was wir von Marx lernen können ist Präzision. Nur so kann vermieden werden,

dass die Texte auf das Prokrustesbett eines ihnen zunächst äußerlichen Begriffssystems gespannt und ihnen sämtliche Glieder abgetrennt werden, die auf dieses Bett nicht passen. Die Makrostruktur der Texte, also das, was sie als biblische Texte ausweist [...] dominiert ihre Mikrostruktur so, wie ihre Inanspruchnahme durch den Prozess gesellschaftlicher Befreiung der Armen und Unterdrückten ihre jeweilige Herkunft aus einer beliebigen sozialen Schicht oder Gruppe oder Institution (‚Sitz im Leben') dominiert. [...] alles andere wäre eine Fortsetzung der bürgerlichen Verstümmelung des Textes als Ganzes und eine Vernebelung des realen Prozesses der Befreiung. (310)

Warum lesen wir die Bibel

Im letzten Kapitel stellt Veerkamp die Frage, die klar machen soll, warum wir, die Leser von heute, die Bibel lesen. Es ist eine Frage, die sich wie ein roter Faden durch sein ganzes Werk hindurchzieht. Wir hören:

Könige wurden gestürzt, erlitten Niederlagen, fanden den Tod, Politik scheiterte, Hunger geißelte das Land, Volk musste hinwegziehen in eine ungewisse Zukunft, [aber] das alles geschah vor 2850 Jahren, was geht mich das an? (312)

Wir müssen noch einmal zurück zum Text und uns auf die Frage konzentrieren, welche die zentrale zu sein scheint:

wer ist der Gott in Israel, JHWH oder der Baal. Elia, Elisa und Jehu haben diese Frage entschieden, jeder auf seine Weise, alle

> *drei aber brutal, gewalttätig und vor allem kompromisslos. Einen Mittelweg, gar eine dritte Möglichkeit, scheint es nicht gegeben zu haben. JHWH ist der Gott, JHWH ist nachzugehen; geht man JHWH nicht nach, geht man dem Baal nach, notwendig, unvermeidlich.* (ebd.)

Dem muss jetzt systematisch nachgegangen werden: *„Was stand damals, was steht jetzt auf dem Spiel?“* (ebd.)

Konkrete Hermeneutik: wer ist der Gott?

Was folgt, ist ein kleines Kapitel Hermeneutik, über die Leseregeln, die die Lektüre der Schrift leiten müssen. An erster Stelle steht: JHWH ist der Gott. Die Frage ist nicht: *„ob es einen Gott gibt. Daran besteht kein Zweifel. Die Frage ist immer: wer ist der Gott.“* (ebd.)

Denn:

> *‚Gott‘ – das ist die Macht, die letztlich alles bestimmende gesellschaftliche Macht. [...] Die Gottesfrage ist daher immer die wesentliche Frage. Man muss sie aber richtig stellen, man muss sie so stellen, wie es die Schrift tut. Man hat zu fragen: was, wer macht bei uns den Dienst aus, wer ist der ‚Gott‘?* (316)

Gott ist also Prädikat, JHWH ist das Subjekt. Nach den historischen Umständen zu fragen, unter denen der Text entstanden ist, hat sein gutes Recht, aber allein und ausschließlich im Hinblick auf das Verstehen der Frage, die der Text, so wie er vor uns liegt, selber stellt: wer ist der Gott?

> *Aber wenn man nichts anderes lernt als die Fähigkeit, bei jedem Halbvers, ja bei jedem einzelnen Wort, zu unterscheiden ob es ‚ursprünglich‘ oder ‚sekundär‘ sei, [...] wird man hier nichts verstehen können, weil man eigentlich nichts anderes tut, als dau-*

ernd seine eigene Bibel der uns übermachten [sic] Bibel entgegenzustellen. Kein Wunder, dass bei ‚biblischen' Predigten oft barbarischer Unsinn herauskommt. (320)

Der andere Gott ist der Baal, der Gott der herrschenden Ordnung. Es ist ein Entweder-Oder: JHWH oder der Baal. Die Aufgabe der Theologie ist es, in diesem Entweder-Oder Partei zu ergreifen, die Frage zu stellen, „ob der Baal weiterhin der Gott sein soll", und zwar so, dass klar wird, dass es uns angeht. Dazu muss sie das Vermögen entwickeln,

den Baal zu identifizieren. Die politische Praxis ist der einzige Raum, in dem dieses Vermögen entwickelt werden kann. Ohne dieses Vermögen ist die Theologie belanglos. Was nützt es, über die Alternative Baal oder JHWH zu reden, wenn man nicht weiß, wie sich der Baal in unseren Tagen manifestiert, wie er Gefolgschaft für sich in Anspruch nimmt, wie diese Gefolgschaft organisiert ist und wer seine gegenwärtigen Kultfunktionäre sind? (326)

Dann wissen wir auch, was auf dem Karmel auf dem Spiel stand, nein: steht:

In der Verwirrung müssen wir uns entscheiden, wer unser Gott sein soll, wem wir nachgehen, dem Baal, dem Gott, dem zum ersten Mal in der Geschichte alles und alle zu opfern sind. Oder JHWH, dem es um die Waisen und Witwen und Erschöpften geht. Noch scheint es, als ob wir auf den beiden Ästen hüpfen können [1 Kön 18,21), als ob wir uns nicht entscheiden müssen, als ob wir ‚großen Zeiten' entgegengingen, wie der Dichter [Brecht] sagt:

Die Wälder wachsen noch.
Die Äcker tragen noch.
Die Städte stehen noch.

Die Menschen atmen noch.
Noch hat sie der Baal nicht gefordert.
Wer aber ist unser Baal?
Wie wird er vernichtet? (346)

Nicht ohne die Juden

Ist TeNaKh der Grundtext, dann bedeutet das, dass die Schrift nicht ohne die Juden, geschweige denn gegen sie, gelesen werden kann – wie es in Kirche und Theologie von jeher getan wurde. Wir hörten schon: Für Veerkamp ist der Talmud die legitime Fortsetzung von TeNaKh, neben den ‚messianischen Schriften'. Ob das christliche ‚Neue Testament' es auch ist, ist die Frage. Veerkamp betont zwar die universale Zielrichtung des TeNaKh, aber:

> *Wie universal auch immer interpretiert, Israel reduziert sich selbstverständlich nicht auf das reine Beispiel, das reine Paradigma. [Israel ist] ein konkretes, empirisch beschreibbares Volk und diese konkrete, empirisch feststellbare Existenz kann nicht und darf nicht idealistisch aufgelöst werden.* (Leben, 23)

Für Veerkamp schließt das auch den Staat Israel ein. Dieser ist sicherlich nicht über jeden Zweifel erhaben, aber sein ‚Existenzrecht' darf nicht in Frage gestellt werden – wie die christliche Theologie das Existenzrecht des Volkes in Frage gestellt hat. Der Bund bleibt bewahrt:

> *Und wie oft er auch erneuert wurde, er wurde nie ersetzt durch einen neuen Bund, sondern der eine Bund, begonnen in Abraham, bleibt und ist durch den Messias Jesus nicht ersetzt worden.* (35)

Es ist Veerkamps konkrete Intervention in die damals (1988) sehr hitzig geführte Debatte über die Frage: Ist Israel Idee (Paradigma) oder Wirklichkeit (Volk)? Eine Debatte, die zusammenhing mit der Verschiebung, die sich in derselben Zeit innerhalb der Linken (auch der christlichen Linken) vollzog: von Sympathie mit dem Staat Israel zu Sympathie mit den Palästinensern. Aufs Neue (1991) dreht es sich um die Frage, *„welches Verhältnis es zwischen dem Israel des Tenakh und dem heutigen Staat Israel gibt“* (Einzigartigkeit, 43f.).

Und noch einmal betont Veerkamp:

> *Israel ist immer nur jenes Israel, wie wir es konkret vorfinden, in der sehr widersprüchlichen Gestalt der real existierenden Juden in der Welt und des ebenso real existierenden jüdischen Staates.* (48)

Veerkamp grenzt sich damit sowohl gegen diejenigen ab, die das Programm des TeNaKh zum alleinigen Privileg des Volkes Israel machen (einzigartig ist nur Auschwitz, als *„unser einzigartiger europäischer Rassismus“* [47]*)*, als auch gegen diejenigen, die schlagartig von Kibbuzfans zu Palästinafans wurden. Zwischen beiden gibt es übrigens einen Zusammenhang: unkritische Liebe schlägt, ehe man es sich versieht, um in Hass:

> *Wo Christen leuchtende Augen bekommen, wenn sie über Judentum und jüdische Feiern reden, bekomme ich eher ungute Gefühle und muss an jene ehemaligen Kibbuzfans in den späteren Palästinakomitees denken.* (49)

Unsere Verantwortung ist es,

> *uns von der von Israel bewahrten und tradierten Stimme des TeNaKh sagen zu lassen, was wir in dieser von uns dominierten Welt zu tun haben. Und es ist unsere Verantwortung, alles, aber dann auch wirklich alles zu tun, dass sich ein Genozid an den Juden nie mehr wiederholen kann und dass die drohenden Ge-*

nozide an vielen anderen Völkern wirksam verhindert werden. Dazu gehört die schonungslose Bekämpfung des Antijudaismus in Theologie und Kirche. (49)

5. Autonomie und Egalität

1993 erscheint Veerkamps nächstes große Buch: AUTONOMIE UND EGALITÄT. ÖKONOMIE, POLITIK UND IDEOLOGIE IN DER SCHRIFT. Inzwischen war die ‚Wende' geschehen, der Zusammenbruch des real existierenden Sozialismus, „Menschheitstraum zweier Jahrhunderte" (Sozialismus, 1). Veerkamp schreibt gegen die allgemeine Euphorie „über das Großartige, was dieser Sozialismus geleistet hat":

> *gleiche und gerechte Verteilung knapper Güter und Dienstleistungen des primären Lebensbedarfs über alle Mitglieder der Gesellschaft und in der DDR einen Wohlstand, der weit über das hinausgeht, was in einer Reihe von EG-Staaten erreicht wurde.* (ebd.)

Das Buch ist die Frucht vieler Jahre Lehrhaus, die durchgehende Lektüre von – unter anderen – Daniel, Hiob und Leviticus. Aber das Thema ist nicht ‚die' Schrift. Es geht um das Projekt ‚Torarepublik', das Programm, die (nur kurz andauernde) Verwirklichung, ihr (unvermeidliches?) Zugrundegehen, das, was bleibt. Wesentliche Bedingungen für die Möglichkeit einer Torarepublik sind Autonomie und Egalität. Denn die herrschende Weltordnung hat für eine Torarepublik keinen Raum, dieser Raum muss erobert werden. Dieser Raum ist die Autonomie. Und der ‚Sinn' dieser Autonomie ist das soziale Ideal der Egalität.

Im ‚Vorwort' schärft Veerkamp seinen Lesern noch einmal ein, was es bedeutet, die Schrift zu lesen: Die Schrift ist für uns ein fremdes Buch – deshalb schreibt er die hebräischen Namen ‚hebraïserend', z. B. nicht Nehemia, sondern Nechemja. Fremd ist die Schrift nicht nur, weil sie aus einer Zeit stammt, die nicht die unsere ist:

> *Durch den täglichen Umgang sowohl mit der Schrift wie mit diesen Menschen [die nicht-europäischen Studenten, mit denen er als Studentenpfarrer zu tun hatte] ist mir allmählich deutlich geworden, […] Das Buch ist ein Dokument eines kleinen, armen und marginalisierten Volkes in einer Welt, die anfangs von einigen wenigen Mächten und schließlich von einer Zentralmacht beherrscht wurde [Assur, Persien, Rom]. […] Das Buch, dessen Texte wir auslegen, ist nicht unser Buch, es ist das Buch derjenigen, die wir nicht sind, und es handelt von Situationen, in denen wir (noch) nicht leben müssen.* (Autonomie, 12f.)

Unser Buch ist es geworden, weil wir uns seiner bemächtigt haben, aus ihm ein anderes Buch gemacht haben. Und Veerkamp will jetzt auch das Wort TeNaKh vermeiden, weil es von Juden als eine unerlaubte Annektierung verstanden werden könnte (er hat sich daran übrigens nicht gehalten).

Mit der Hilfe von Marx

Autonomie und Egalität beginnt deshalb mit einigen „allgemeine[n] theoretische[n] Überlegungen zum Verstehen fremder Texte" (19). Marx ist dabei unentbehrlich. Denn mit der Hilfe einer marxistischen Analyse lernen wir begreifen, wie die Gesellschaft, in der die biblischen Schriften entstanden sind, strukturiert ist. Wir gehen vom Allgemeinen zum Besonderen (keine Allgemeinheiten, Präzision): Alle Gesellschaftsformationen sind Klassengesellschaften und für alle Gesellschaftsformationen gilt, dass ein ‚Surplus' produziert werden muss, um (fort) bestehen zu können. Das Besondere der Gesellschaftsformationen, die in der Schrift vorausgesetzt werden, ist zuerst die Tributgesellschaft, in der das ‚Surplus' als Tribut vom Volk erzwungen wird – oder, aber dann ist schon von der Torarepublik die Rede, das ‚Surplus' dem Volke zugutekommt. Die Tributgesellschaft geht dann über in eine Gesellschaftsformation, in der das Geld dominiert und zum ersten Mal in der Geschichte so etwas wie eine durch Geld getriebene Weltwirtschaft herrscht, in der eine Torarepublik nicht mehr möglich ist. Die Schrifttexte folgen dieser Entwicklung: von einer Phase, in der Autonomie und Egalität bis zu einem gewissen Grad noch denkbar waren, über eine ‚fortschreitende Deregulierung' hin zu einer Gesellschaft, die für Autonomie und Egalität keinen Ort mehr hatte.

Aber fungiert hier die marxistische Analyse nicht als ein ‚Vorverständnis', das von vornherein festlegt, was der Text sagen will, statt dass der Text für sich sprechen darf? Der Gebrauch des marxistischen Instrumentariums will jedoch nicht mehr als eine Hilfe sein,

> *den Text als einen eigentümlichen Eingriff in seinen eigenen gesellschaftlichen Prozess zu verstehen. Sich auf den Standpunkt des Textes zu stellen heißt dann, sich auf den Standpunkt dieses Eingriffes zu stellen. [Es geht um die zwei ‚Wesenselemente aller Auslegung', die] Eigentümlichkeit des Eingriffs (Struktur des Textes) und seiner Stoßrichtung (gesellschaftlicher Kontext).* (50f.)

Es geht in der Auslegung in letzter Instanz aber um die Aktualisierung. Hat der Text uns etwas zu sagen? Wohl verstanden: der Text. Die Aktualisierung erfordert ‚Konkordanz': *„eine ähnliche [...] Sehnsucht nach Autonomie und Egalität, nach Wahrheit und Recht und Treue“* (ebd.).

Deuteronomium: die Verfassung

Dann folgt die eigentliche Textlektüre, angefangen mit den Texten, in denen das Programm der Torarepublik ausgeführt wird: Deuteronomium (14,22–15,11) und Leviticus. Deuteronomium entstand in einem vom Krieg verwüsteten Land: *„unter armen Leuten, die eine plötzliche, unverhoffte Chance erhalten, noch einmal von neuem anfangen zu können"* (59).

Das Buch bietet den Entwurf einer „Gesellschaft ohne Elend" (55), modelliert nach der altorientalischen Tributgesellschaft:

> *Der Tributherr des Landes ist JHWH und niemand sonst. Auch wenn es einen König gibt, so sind die Abgaben nicht ihm, sondern dem Gott Israels zu leisten, der als EINER und EINZIGER (Dtn 6,4) Anspruch auf sie erheben darf und der sie den Abgabepflichtigen zum Verzehr freigibt. Die politisch-ökonomische Stoßrichtung liegt auf der Hand: nie wieder Tribut an fremde oder eigene Herren entrichten! Der Text erhebt die Autonomie zur ersten politischen Konsequenz des ersten Gebotes [ich bin JHWH, euer Gott, der euch aus dem Sklavenhaus herausgeführt hat].* (60f.)

Deuteronomium ist eine ‚Verfassung':

> *Es will eine Gesellschaft ohne inneren und äußeren Tribut, eine wahrhaft nach innen und außen autonome Gesellschaft, die auf der Egalität ihrer produktiven Basiseinheiten beruht und von der Erfahrung der Gesellschaftsmitglieder ausgeht, dass man die eigenen Angelegenheiten ohne lange Instanzenwege regeln kann, von der Erfahrung also der Überlebensfähigkeit des Volkes ohne Staat und Tempel.* (64)

Leviticus: Enteignung

Aber die Tora lehrt nicht immer das Gleiche: keine ewige Wahrheiten. Das Buch Leviticus formuliert das Programm der Torarepublik wieder anders als das Buch Deuteronomium es tat. Das Buch entstand nach der Königszeit – verdichtet im Zwischenfall mit dem goldenen Kalb, dem Kult des Königtums. Es spiegelt die Erfahrungen wider, die Israel mit seinen Königen gemacht hat. Es sind jetzt die Priester, die die politische Führung haben. Ihnen obliegt das Schicksal der Torarepublik. Aber JHWH redet in Leviticus ‚von außen' (außerhalb des Lagers des Volkes). Dieses ‚außerhalb' ist und bleibt der Sinai, also dort, wo die ganze Tora gegeben wurde. Die Pluralität des Programms hat ein Zentrum:

> *Dennoch wurde die ganze Tora auf dem Sinai gesprochen, gehört ganz und gar zu dem, was der Gott der Befreiung von Anfang an mit diesem Volk vorhatte. Sinai ist der von jeher, von JHWH her, zu bewahrende Grund Israels. Israel kann ohne Priester, ohne Opfer leben, es lebt tatsächlich seit der Zerstörung Jerusalems im Jahr 70 u. Z. ohne Priester und Opfer. Aber es kann nicht ohne Sinai leben.* (88)

Veerkamp greift hier schon dem vor, was dem Volk Israel tatsächlich bevorsteht: existieren zu müssen ohne Tempel – und ohne Staat. Dass es überhaupt weiter existiert, hat es nur der Tora zu verdanken.

Was das Buch Leviticus von Deuteronomium (und von Exodus) unterscheidet, ist, dass es nicht bei einer Sklavenfreilassung stehenbleibt, sondern: *„darüber hinaus eine materielle Wiederherstellung des gesellschaftlichen Status-quo-ante [verlangt]"* (92). Es geht um eine Wiederherstellung der ursprünglichen Eigentumsverhältnisse, nach denen kleine Bauern noch frei über ihr Land verfügen konnten. Vorausgesetzt ist, dass der Großgrundbesitz die Regie übernommen hat und also enteignet werden muss. Die Enteignung wird dekretiert in Leviticus 25, dem sogenannten Jobeljahr. Es ist kein Dekret, das dem Volk einfach widerfährt, es erfordert eine aktive Teilnahme, eine ‚Bekehrung'. Das darf aber nicht ‚religiös' und ‚individualistisch' (also modern-bürgerlich) missverstanden werden:

> *‚Jobel' ist eine kollektive Bekehrung eines ganzen Volkes, [...] Aber diese Bekehrung [...] ist keine moralisch-geistige, innere Angelegenheit des individuellen Menschen, sondern wird materiell handfest und dingfest in der Rückkehr zu Verhältnissen der Freiheit in der Ökonomie des Landes und der Rückkehr zum Familienverband, der so erneuert wird.* (94)

Leviticus ist auch, wie jedes Bibelbuch, ein theologisches Buch. Aber Theologie tritt nicht an die Stelle der Ökonomie. Der Text verbindet Theologie und Ökonomie, wobei die Theologie der Maßstab ist, an dem die Ökonomie gemessen wird:

> *Blickt man nun auf die Funktion der Theologie für die Ökonomie in diesem Text, so stellt man fest, dass die Theologie die Ökonomie nicht ersetzt, sondern dass sie sie eindeutig macht, d. h., dass die Theologie dafür sorgt, dass die Ökonomie als Ökonomie eindeutig und daher auch einseitig die Interessen jener vertritt, die dem EINEN und EWIGEN heilig sind, des Volkes, das er aus dem Sklavenhaus führte. Nicht die spezifischen Lösungen dieses Textes, sondern seine Eindeutigkeit machen seine Fähigkeit aus, auch uns über seine eigene spezifische Situation hinaus zu orientieren.* (114)

Hier kommt zusammen, was die Tora zur Tora macht: ein spezifisches ökonomisch-politisches Programm (in Leviticus anders als in Deuteronomium); die ‚ganze' Tora als die ‚Verfassung', die allen Programmen vorausgeht; JHWH als der Befreier-Gott, der in keinem dieser Programme ganz aufgeht, sondern immer auch

,außen vor' bleibt: als die Richtlinie, die auch uns, Menschen von heute, Orientierung bietet.

Die real existierende Torarepublik

Soweit das Programm der Torarepublik. Man würde erwarten, dass die Verwirklichung erst danach behandelt würde. Aber Veerkamp unterbricht die Lektüre von Deuteronomium und Leviticus mit einem kurzen Kapitel über die real existierende Torarepublik unter Ezra und Nehemia. Das Kapitel trägt den Titel: „Die kleine Chance des Nechemja". Es unterstreicht noch einmal, dass normalerweise die herrschende Weltordnung das Sagen hat. Dass überhaupt je eine Torarepublik real existierte, ist einem „unscheinbare[n] historische[n] Zufall" zu verdanken, einer Veränderung in der Politik des persischen Reiches: die jüdische Elite aus dem Exil zurückkehren zu lassen und der Provinz Judäa unter zuverlässiger Führung eine begrenzte Autonomie zu erlauben. Das war also Zufall. Kein Zufall war,

> *dass Nechemja ein Anhänger der Torapartei war. Das war die Frucht des Werkes der großen Exilpropheten [die Tora nämlich]. Soweit wir wissen, hatte die Agitation des anonymen Propheten, den wir ,Deuterojesaja' nennen, dazu geführt, dass sich ein Teil der Verschleppten und ihrer Nachkommen zur Tora hin und von ihrer ideologischen Anpassung an Babel wegbewegt haben.* (76)

So kam es zu einer Torarepublik. Aber Veerkamp bemerkt gleich dazu:

> *Nechemja hat sicherlich keine soziale Revolution durchgeführt. Eliten blieben Eliten, die Perser blieben die obersten Herren. Aber er hat etwas ganz anderes getan: Er hat das Gemeinwesen im Rahmen einer beschränkten, aber realen Autonomie auf*

> *die Basis jener Tora gestellt, die das Maximum an Egalität verlangt, das unter den gegebenen Bedingungen möglich war. Und das ist eine revolutionäre Tat im strikten Sinne des Wortes gewesen, denn sie nahm den Klassenverhältnissen ihr scheinbar schicksalhaftes Gepräge.* (81)

Die Torarepublik ist also nicht nur Projekt geblieben. Sie hat real existiert. Aber, nochmals, warum unterbricht Veerkamp die Lektüre der Tora? Ich vermute, es hat mit dem Begriff des ‚Zufalls' zu tun. Veerkamp hat sich immer gegen eine lineare Geschichtsauffassung gewandt, die Idee eines unaufhaltsamen Fortschritts oder eines ebenso unaufhaltsamen Rückgangs. Dass er den rabbinischen Kanon bevorzugt, hat auch damit zu tun, dass dieser eine solche lineare Lektüre der Schrift ausdrücklich ausschließt: Die Khetubim (Schriften) setzen keine Geschichte fort, sondern sind Kommentare; die Chroniken sollten zwar chronologisch vor Ezra und Nehemia stehen, aber im Kanon folgen sie diesen. Von einer Hegel'schen, marxistischen oder ‚heilsgeschichtlichen' Gesetzmäßigkeit her gedacht ist eine Torarepublik undenkbar. Wenn sie sich ereignet, ist das (ein glücklicher) Zufall. Veerkamp wettet auf den Zufall.

Hiob

Die Textlektüre wird fortgesetzt mit den Büchern Hiob und Daniel. Infolge der hellenistischen Globalisierung ist die Torarepublik unmöglich geworden. Der Gott Israels verschwindet hinter dem Horizont oder, schlimmer noch, ändert sich in den tyrannischen Gott, wie die Völker ihn kennen.

Die Auslegung des Buches Hiob (Veerkamp nennt sie vorsichtshalber ‚Mutmassungen über Hiob') beginnt mit einer

Szene, die sich auf dem Olymp abspielt, wo JHWH und der ‚Hinderer' (der ‚Satan') ein Spielchen mit Hiob spielen, eine Art ‚Wetten dass …'. JHWH ist ein Zeus geworden, der Satan ein Hermes (der Gottesbote, der den Göttern oben berichtet, was unten, auf Erden, los ist). Der Einsatz der Wette ist, ob Hiob tatsächlich JHWH auch ‚segnen' wird, wenn das ‚ohne Grund' geschieht. Das ist total unisraelitisch. Israel segnet JHWH, weil JHWH Israel gesegnet hat. Was von Hiob verlangt wird, ist, schreibt Veerkamp, Religion. Denn Religion ist: sich unterwerfen ohne zu fragen, weshalb:

> *[Hiob] soll weiter segnen; er soll religiös werden, er wird seinen Gott als sein Schicksal betrachten, d. h. aus ihm einen Götzen machen, einen ‚anderen Gott'.* (124f.)

Veerkamp erwägt aber auch eine ‚nicht olympische' Auslegung:

> *Wenn Hiob Israel und der Hinderer der Feind Israels ist, so muss dieser Gott ein Interesse daran haben, feststellen zu können, dass sich Israel nicht anpassen, sondern bewähren wird. Anders gesagt: in einer Situation, wo sich eine hellenische Gesellschaft mit schroffen Klassengegensätzen herausbildet, geht es darum, ob das große soziale Experiment der Torarepublik erneuert werden kann, d. h. ob sich Israel dem Zeus, dem Schicksal widersetzt oder nicht. Aber dieser Gott beschreitet den riskanten Weg der Verstellung: er begegnet Hiob in ‚Fremdgestalt' […] Und ‚Gott' erhält dann die Behandlung, die er herausfordert und verdient! [Es geht dann darum,] Hiob/Israel dazu zu bringen, sich dem ‚verkehrten' Gott zu verweigern, und diesen ‚Gott' zu zwingen, sich zu ‚bekehren'.* (125)

Wie dem auch sei, Hiob repräsentiert das Israel, das sich bis zum Letzten diesem in sein totales Gegenteil verwandelten Gott verweigert. Das führt bei Veerkamp zu von den üblichen stark abweichenden Übersetzungen. Zum Beispiel wird Hiob 2,10 in der Regel so übersetzt: ‚Das Gute empfangen wir von Gott und wollen das Böse nicht von Gott empfangen?' Veerkamp übersetzt: *„Ja, das Gute haben wir von Gott empfangen, aber das Böse haben wir eben nicht empfangen."* (132) Keine Schicksalsergebenheit, sondern Militanz. Nicht anders übersetzt, aber ganz anders ausgelegt wird Hiob 1,21: „JHWH gab, JHWH nahm, es bleibe der Name JHWHs gesegnet." Hier wird Ps 113,2 zitiert: „Es bleibe der Name JHWHs gesegnet, von jetzt an bis in Weltzeit." Man muss da, schreibt Veerkamp, den ganzen Psalm mithören:

> *Hiob betet diesen Psalm und das heißt, dass er sich an den Gott wendet, der in diesem Lied gepriesen wird. Also kann von diesem Gebet nicht geschlossen werden, dass sich Hiob dem Schicksal fügt. […] Hiob hält fest an dem Gott, der sich in seiner ganzen Erhabenheit und mit seiner ganzen Wucht einsetzt für die Armen im Lande […].* (128)

Dieser Protest gegen das Schicksal bestimmt die ganze Auslegung. Hiob widersetzt sich das ganze Buch hindurch dem Gott, den seine Freunde ihm vorhalten, dem Gott, der „sich in etwas Brutales verwandelt hat" (Hiob 30,21) Eine Sonderrolle spielt ein gewisser Elihu, der auftaucht, als die Freunde mit ihren Reden am Ende sind. Sein Name ist im Gegensatz zu den Namen der Freunde ein hebräischer Name und ähnelt dem des Elia. In ihm muss die Stimme der Propheten hörbar werden. Aber gerade er will Hiob klarmachen, dass ein Mensch gegen Gott nichts einzuwenden hat, und führt die Erhabenheit der Schöpfung als schlagendes Argument an. Aber es ist eine Schöpfung ohne Exodus:

> *Die Redaktion [des Hiob-Buches] will uns vorführen, dass man bereits so weit gegangen ist, zu unterstellen, dass man den Gott des Schilfmeers und des Sinai, den Schöpfer des Himmels und der Erde nicht mehr ernst nimmt, sein Wort, seinen Bund für er-*

> *ledigt erklärt und genau das für die wahre Frömmigkeit ausgibt!* (206)

Es folgt die Apotheose: die Antwort aus dem Unwetter. Diese Antwort wird allgemein gelesen, als würde JHWH Hiob zurechtweisen und Hiob JHWH dann Recht geben: „Darum verwerfe ich und es gereut mich" (Hiob 42,6 nach Buber). Veerkamp liest das Gegenteil. Die Antwort JHWHs bestätigt nochmals die Argumentation Elihus. Was Hiob zu hören bekommt, ist:

> *[...] die klerikale Antwort aller Zeiten: ‚Er ist groß, du bist klein, du musst zufrieden sein, also ...' [...] Es ist schwierig, hier nicht die Akte ‚JHWH' zu schließen, wenn man ihn so zu diesem verrottenden Menschen in seinem Dreck reden hört. Wer sich hier nicht empört, hat einen blinden Fleck, legt sich ein Denkverbot auf, ihm durch Jahrtausende klerikaler Tradition eingeimpft.* (212f.)

Hiobs Antwort lautet in Veerkamps Übersetzung denn auch ganz anders als die traditionelle: ‚Deswegen werfe ich hin und bin es leid'. Was geschieht hier?

> *[H]ier weigert sich ein Sohn Israels, hinzunehmen, dass JHWH ‚sich in etwas Brutales Israel gegenüber verwandelt' und so die Züge eines hellenistischen Megatyrannen annimmt. Er hat, in Tora und Kündung, JHWH anders kennengelernt, und daran will er festhalten. Nicht bekehren muss er sich, sondern er muss aus seinem Dreck befreit werden. [...] Wenn schon, dann müsse Gott sich bekehren; sonst ist alles sinnlos.* (222)

Und das ist es auch, was schließlich passiert: Gott bekehrt sich und gibt Hiob Recht: nicht die Freunde, sondern Hiob hat „begründet über mich geredet" (Hiob 42,7). Diese Bekehrung bedeutet auch die ‚Umkehr' von Hiob/Israel: Er ist wieder der Gesegnete, ganz biblisch also ganz materiell (Söhne und Töchter, Hab und Gut), und revolutionär auch (die Töchter werden den

Söhnen gleichgesetzt: *„autonome Inhaberinnen von Grundeigentum“* [228])

Dieser Epilog ist im Modus der Hoffnung geschrieben. Die Krise, in die das Reden von Gott geraten ist, wird dadurch (noch) nicht aus der Welt geschafft. Aber der Epilog besagt wohl: diese Krise darf nicht das letzte Wort haben!

Hiobs militanter Aufstand gegen Gott ist Literatur. Die Anwendung folgt im Aufstand der Makkabäer:

> *einem Aufstand, der eine Revolution war: sie zielte auf eine totale Änderung des politischen Lebens (Autonomie), des sozialen Lebens (Egalität) und des ideologischen Lebens (die Ausmerzung des Hellenismus und die Ausschaltung der hellenistischen Eliten) ab.* (231)

Daniel

Das Buch Daniel, woraus zwei Abschnitte ausgelegt werden, datiert aus der Zeit nach diesem Aufstand. Die Makkabäische Revolution hätte die Wiederherstellung von Autonomie und Egalität sein sollen. Aber das Resultat war eine neue Elite, eine Variante der hellenistischen Normalität. Diese Normalität ist das Thema von Daniel 3: die Erzählung der Errichtung eines Bildes aus Gold durch König Nebukadnezar. Das Bild stellt sinnbildlich den Kult des Goldes dar, des Gottes der hellenistischen Weltwirtschaftsordnung. Drei hebräische Männer weigern sich, das Bild anzubeten, und sollen zur Strafe in einen brennenden Ofen geworfen werden. Sie widersprechen dem König mit dem Bekenntnis, dass ihr Gott imstande ist, sie aus dem Feuer zu retten, fügen dem aber hinzu: „Und wenn auch nicht, so werde es dir, König, bekannt: Deinem Gott dienen wir sicher nicht.“ (Dan 3,18) Dieses ‚Wenn auch nicht‘ trifft für Veerkamp den Kern. Ohne dieses ‚wenn auch nicht‘ sind Geschichten von Rettung und Befreiung – ohne frivol zu wirken – nicht mehr zu erzählen. Denn:

> *das ‚wenn auch nicht‘ ist blutige Realität. Das Eiserne Kreuz der Tapferkeit bei der ‚Verteidigung‘ des Vaterlandes 1914–1918 hat die Juden 25 Jahre später vor der Vergasung durch Schergen dieses gleichen Vaterlandes nicht bewahrt, und kein Gott hat sie den Öfen der Faschisten entrissen.* (248)

Und im ‚vierten Mann‘, den der König im Ofen mit den dreien mitlaufen sieht, ‚in der Gestalt eines Gottessohnes‘, erkennt Veerkamp den Boten, also Gottes Präsenz, der mit seinem Volk im Ofen von Auschwitz verbrennt. Dass dieser Gott rettet, kann nur noch bekannt werden:

> *Kein Ofen von Großkönigen oder Faschisten kann das Gerücht von Befreiung, das dieser Gott ist, endgültig zum Verstummen bringen: einige werden gerettet, immer wieder, solange dieses Volk, solange Adam-Menschheit lebt: auch das muss gesagt werden, mit allergrößtem Zögern.* (252)

Veerkamp gelingt es nicht mehr, von Gott, dem Gott Israels, an Auschwitz vorbei zu sprechen.

Die Frage, auf die das Buch Daniel eine Antwort zu geben versucht, ist: was tun, wenn die Perspektive einer Revolution wie der makkabäischen „in einem kleinen, rückständigen Gebiet im Reich des Goldes, unter den Bedingungen der herrschenden Weltwirtschaftsordnung“ (256) verschwunden ist? Diese Antwort ist ‚Daniels letzte Vision‘ (Kapitel 7). Auf Erden ist sie nicht mehr zu finden. Was bleibt ist der Himmel, der einzige Ort, wo die Vision noch gedacht werden kann. Daniel sieht ‚vier Lebewesen‘, das eine noch schrecklicher als das andere. Es sind die Reiche, die Israel das Leben unmöglich machen. Nur in der Vision ist noch denkbar, dass ihre Macht vorbeigeht. Schließlich erscheint jemand „wie ein Menschenkind" (Dan 7,13), Verkörperung der Humanität, die letztendlich herrschen wird. ‚Nur' eine Vision? Nach dem Erzählen der Vision und ihrer Deutung sagt Daniel, dass er von seinen Gedanken alarmiert sei und dass „seine Farbe sich geändert hat" (Dan 7,14). Veerkamp schreibt:

> *So wird er durch diese Vision zumindest ein anderer Mensch. Und wenn sich am Lauf der Welt zunächst wenig ändert, er kann nie wieder mit den gleichen Augen sehen. Er kann alarmiert, deprimiert, ziemlich ratlos und er kann verzweifelt sein. [...] und dennoch mit größter Ruhe seinem Los standhalten bis zum Ende der Tage (Dan 12,13), d. h. bis zu jenem Tag, wo die Königtümer der Gewalt am Ende sein werden, ein Menschenkind mit den Wolken kommt.* (278)

Darum ist das siebte Kapitel des Buches Daniel „ein großartiger Text":

> *Er gehört nicht in die Reihe großer politischer Utopieentwürfe; dafür ist die Vision zu entsetzlich, der Visionär zu deprimiert und alarmiert. Es ist aber ein Text der großen Hoffnung.* (ebd.)

Typisch für Veerkamp ist, dass er bei dieser visionären Sicht auf die Welt gleich eine kritische Bemerkung macht. Radikale Hoffnung kann auch wie eine Droge wirken:

> *[D]ie großen Hoffnungen machen blind für die kleinen Möglichkeiten, zumindest örtlich und zeitweilig diese viehische Pest der Gewalt und die Ausbeutung zu vertreiben. Sie verführen dazu, sich in irgendeine Wüste zurückzuziehen und alles abzulehnen, was der großen Hoffnung nicht entspricht, in unserer Sprache: politikunfähig zu werden.* (279)

Die so oft geschmähten Pharisäer, die versuchten, einen gangbaren Weg zwischen Aufstand und Anpassung zu finden, haben Recht. Aber:

> *Auch der Pharisäismus ist gefährlich; denn ohne große Hoffnung sind kleine Möglichkeiten schnell nichts anderes als kleine Kabalen um ein bisschen Macht und ein bisschen Anerkennung seitens des großen Ungeheuers, das in dieser Welt die Macht endgültig erobert zu haben scheint. (ebd.)*

JHWH oder der Baal, dahinter können wir nicht mehr zurück. Aber wie radikal dieses ‚Entweder-Oder' in der Praxis ausfällt, kann nicht dogmatisch festgelegt werden. Manchmal müssen wir Pharisäer sein, manchmal auch müssen wir beharren in einem radikalen ‚Nein' gegen die herrschende Ordnung, manchmal sind wir Reformist, manchmal Messianist, je nach der Situation.

Wo bleibt ‚Gott'?

Eine Lektüre der Schrift ist immer theologisch. Die Texte können nicht gelesen werden ohne JHWH als den alles bestimmenden Faktor. Aber ob JHWH in der Zeit des Hellenismus noch dieser alles bestimmende Faktor ist, ist das große Problem, mit dem die Theologie zu tun bekommt. Deshalb muss im Schlusskapitel explizit die Frage gestellt werden,

> *wie denn überhaupt noch von Gott die Rede sein kann – oder anders gesagt, ob Theologie überhaupt möglich oder sinnvoll ist. Hiob bezweifelt das, er bezweifelt, ob in einer Welt von Verbrechen und voller Verbrecher, in der sich ‚Gott' in den absoluten Gegensatz zu sich selbst verwandeln kann, noch von ‚Gott' die Rede sein kann, ohne sich selber zum Komplizen dieser Verbrechen, dieses himmlischen Verbrechers, zu machen.* (311)

Bei Daniel ist es nicht wesentlich anders:

> *Die Verwandlung ‚Gottes' ist bei Daniel [...] nur scheinbar zurückgenommen. Vielmehr ist die ‚Fremdgestalt' nunmehr klar*

> *als Feind und ‚Anti-Gott' oder ‚Anti-Messias' erkannt, als entsetzliches Tier, als Hure Babylon.* (313)

Es scheint für JHWH in diesem Universum keinen Ort mehr zu geben. Die Geschichte ist gleichsam ein geschlossener Raum, in dem alles nach einer Logik abläuft, die nur ein Ziel kennt: Kapitalismus oder Sozialismus, je nachdem. Der Zufall kommt in ihr nicht vor, die Hoffnung auf ‚eine kleine Chance' muss aufgegeben werden. Gegen diese letztendlich deprimierende Auffassung opponiert Veerkamp:

> *Die Vorstellung eines absoluten Raums der Geschichte ist restlos aufzugeben. [...] Es gibt weder definitive Probleme noch definitive Lösungen. Nur Menschen gibt es, dorwador, Geschlecht für Geschlecht, die leben wollen, solange es die Sonne zulässt, und es sind immer wieder Verhältnisse zu schaffen, in denen das Leben für alle Menschen möglich ist und bleibt. Das ist alles, das ist die einzige Konstanz des ‚Geistes'.* (318)

Gott ist in diesem absoluten Raum nicht zu finden. Wenn er schon zu finden ist, dann im *„barmherzige[n] Licht der Relativität alles menschlichen Lebens"*(ebd.).

Nach einem Intermezzo über das, was Aristoteles und Thomas von Aquin mit dem Begriff ‚Gott' gemacht haben – Gott als das ‚unbewegte Bewegende', die Macht, der es nur um sich selbst zu tun ist (Aristoteles); Gott als sowohl das eine (unbewegt Bewegendes) als auch das andere (der Gott der Schrift) (Thomas), eine Verbindung, die in der feudalen Welt noch denkbar schien, aber in unserer Welt nicht mehr möglich ist – folgt eine Bestimmung des Ortes, wo (wie) Gott in unserer Zeit (noch?) gedacht werden kann.

Es ist die Zeit der ‚Wende':

> *Die Arbeiterklasse [ist] als sozialer und politischer Machtfaktor verschwunden; die Konkurrenz, die vom Staatssozialismus aus-*

gegangen war, wurde eliminiert, [...] Das Primärziel der Vollbeschäftigung und die Regulierung der Kapitalakkumulation durch steigende Nachfrage wurde aufgegeben: alle drei Hauptfaktoren, die zum Nachkriegswohlstand geführt hatten, hörten auf, ihren Einfluss auszuüben. (343)

Es ist die Zeit der sogenannten ‚Postmoderne'. Für Veerkamp war sie de facto der Rückkehr des Krieges aller gegen alle. Ihr ‚jeder für sich' ist im Kern ‚Dekadenz'. ‚Gott' kann in dieser ‚postmodernen' Welt nicht mehr kommuniziert werden. Wir leben nicht mehr in einer Welt (wie der Klassenkampf sich noch in einer Welt abspielte), sondern:

die Völker AUF EINER ERDE [LEBEN] IN ZWEI WELTEN, DIE UNTER DEN HERRSCHENDEN UMSTÄNDEN NICHT VERSÖHNBAR SIND. [...] es gibt zwei Wirklichkeiten und es gibt demzufolge auch zwei Wahrheiten. Zwischen dem HERRSCHENDEN DISKURS und dem DISKURS DER MARGINALISIERTEN gab es bereits damals [in der Zeit Daniels] und gibt es offenbar auch heute keine Vermittlung. (351)

Symptomatisch sind die fundamentalistischen Bewegungen, in denen die Marginalisierten Amok laufen:

Der Fundamentalismus ist der unartikulierte Schrei jener Menschen, die täglich um ihr Leben kämpfen müssen und die sich nicht mit dem Status, nur noch Problem zu sein, mit ihrer ‚Nulldimensionalität' abfinden. (354)

Wo ‚Gott' noch zu finden ist

Eine Lösung ist das nicht. Dafür müssen wir zurück zur Tora. Der ‚Gott', von dem dort die Rede ist, ist *„ein fernes Gerücht, Gerücht jener Freiheit, die in Autonomie und Egalität besteht".* (369)

Und fragen wir, wo er zu finden ist, dann kann die Antwort nur sein: bei der *„geschundenen Menschheit“, „das einzige Bild und das einzige Gleichnis ‚Gottes‘, das uns geblieben ist.“* (364) Mit diesem Gott müssen wir leben. Er befindet sich in jener anderen Welt, die nicht die unsere ist. Können wir, die nicht in dieser anderen Welt der Marginalisierten leben, dann noch von Gott reden?

Veerkamp beschließt Autonomie und Egalität mit Thesen. Das Stichwort ist ‚Homogenität‘, der Tenor: eine homogene Theologie ist unmöglich geworden – weil eine homogene Welt unmöglich geworden ist. Wir leben unwiderruflich in einer Welt, die ökonomisch, politisch und ideologisch geteilt ist in einen reichen Norden und einen armen Süden. Das bedeutet:

> *Wir können im Norden [...] nur dann wahrhaft von ‚Gott‘ reden, wenn wir uns der Diskontinuität solcher Rede bewusst sind, indem wir von ihm schweigen, wenn Hiob redet. Die Kommunikation kann nur dann zustande kommen, wenn wir uns selber die Konturen jenes Baal sichtbar machen, der unter der Etikette [sic] ‚Gott liebt alle‘ oder ‚Jesus Christus hat uns alle erlöst‘, meistens aber unter der Etikette [sic] ‚Menschenrechte‘, ‚Demokratie‘ oder ‚Marktwirtschaft‘ usw. als leibhafter, realexistierender ‚Gott‘ funktioniert: das, was aus dieser Welt ein gigantisches erez mizraim macht, ein Sklavenhaus ‚Ägypten‘. Theologie kann im Norden zur Zeit wenig mehr sein als Lügendetektor.‘* (374)

Die letzte These handelt von der ‚Heiligkeit‘, die uns zu tun aufgegeben ist:

> *Das TOHU WABOHU, in dem diese Welt gefangen ist, zwingt die Menschen ‚Heilige‘ zu werden. Heiligkeit ist nicht Frömmigkeit, meistens ihr Gegenteil, obwohl es hin und wieder Fromme gibt, die auch Heilige sind. Heiligkeit ist Beharrlichkeit, Heilige im Sinne der Tora Beharrliche, Unbeirrbare. Heiligkeit ist aber nicht*

homogen. Dort hat die Heiligkeit zuweilen das zornige Antlitz des Camillo Torres, des Priesters mit dem Gewehr, hier vielleicht des schlichten Durchhaltens beim Dechiffrieren der Lüge. (376)

Aber die These schließt mit einem Bekenntnis:

Wahrlich heilig ist nur JHWH, der Befreiende.

6. Ein Theaterstück

Einen besonderen Platz im Werk Veerkamps nimmt Der Apostel Paulus auf dem Dritten Kongress der Kommunistischen Internationale (1997) ein. Es ist ein Theaterstück, worin die ferne Vergangenheit (Paulus), aber auch die Protagonisten der Kommunistischen Internationale im Jahr 1921 Gegenwart werden: *„ein In-Memoriam für einige Frauen und Männer, die den Traum des Kommunismus zu träumen gewagt hatten. Sie kommen hier zu Wort."* (Internationale, 4)

Diese Frauen und Männer sind: Alexandra Kollontai, Henriette Roland Holst, Clara Zetkin, Nikolai Bucharin, Herman Gorter und Karl Radek. Paulus ist repräsentiert in einem Chor, gebildet von zwei Schauspielerinnen. Gefeiert wird der 65. Geburtstag von Clara Zetkin, *„Nach dem Besuch des Schauspiels ‚Mysterium Buffo' von Wladimir Majakowski / Am späten Abend des 5. Juli 1921 / in einem kleinen Saal des Gewerkschaftshauses in Moskau"* (3). Sie kommen zu Wort in Form von Zitaten aus eigenen Werken. Ihre Zusammenkunft ist selbstredend inszeniert von Veerkamp:

> *In diesen Zeilen begegnen sie sich, die Kommunisten und der Apostel Paulus, sozusagen im Jenseits der Träume, an der Schwelle des neuen Jahrtausends, wo die Träume wieder aufstehen, Menschen die alten und großen Erzählungen erzählen, und ein neues Werk beginnt.* (4)

Aber das Stück selber ist eine Tragödie und, „wie in jeder Tragödie, eine Erzählung der Trauer" (ebd.).

Weit ist die Kluft zwischen damals und jetzt, zwischen ihnen und uns. Damals konnte noch gesagt werden – und Veerkamp lässt bewusst offen, wer hier spricht, Paulus oder einer der Kommunisten:

> *Neues beginnt jetzt unaufhaltsam / […] ich werde die Tage noch sehen, / die kommenden, leuchtenden, rot.* (13)

Damals waren die Dilemmas noch echte Probleme, die diskutiert werden im Hinblick auf einen Ausweg. Zum Beispiel, wenn Bucharin das, was die Revolution bringen kann, relativiert:

> *Kommunismus ist nicht das hehre Endziel aller Geschichte, / Kommunismus ist nur vernünftiger als alles andere, / für Bauern, für Proleten, ja, für die Bourgeoisie!* (42)

Und Radek dagegen einbringt:

> *Vernunft muss man erzwingen, / sie ist eine Frage der Macht.* (ebd.)

Aber die Revolution war auch noch lange nicht vollendete Tatsache. Radek muss lernen:

> *Ich kann nicht, was ich eigentlich will, / Ich muss wollen, was ich gar nicht will: / um der Menschlichkeit willen / muss ich unmenschlich werden.* (53)

Genau wie Paulus, der Tora tun will, aber feststellen muss: „was ich will, das tue ich nicht, / aber was ich nicht will, das tue ich!“ (Röm 7,15)

Damals waren die Kommunisten über ihre Revolution noch ehrlich, konnten noch hoffen, dies mit ihrer Offenherzigkeit zu retten. Damals wurde die Möglichkeit, dass die Revolution Schiffbruch erleiden konnte, noch nicht verdrängt, wurde noch damit gerechnet, dass die Stunde der Revolution zwar geschlagen hatte, „jedoch am falschen Ort“ (61).

Aber auch das kann nicht das Ende sein. Veerkamp lässt Kollontai die Schrift zitieren, aus der Apostelgeschichte:

Es ist nicht an uns, Ort und Zeiten zu bestimmen [Apg 1,7]. / Wir müssen tun, was uns aufgetragen ist, nur das. (ebd.)

Was bleibt ist die Verpflichtung, der Sache des Kommunismus treu zu bleiben. Veerkamp lässt es Henriette Roland Holst in Worte fassen:

Auch dann, / wenn wir versagen, in Deutschland und in Holland / und im ganzen Westen, in Amerika, / haben die Kommunisten die Pflicht / Unmögliches möglich, Unwirkliches wirklich, / Unwahrscheinliches wahr, Übermenschlichkeit menschlich / zu machen. (65)

Am Schluss ermahnt eine der Schauspielerinnen mit einem Satz, der zugleich trösten soll:

Genossin [angesprochen wird Clara Zetkin], abhängig mach' es nicht von / einem Augenblick nur, nur von einem Ort; / es gibt kein Mekka, kein Jerusalem, kein Rom, / wo immer schon wohnte das Heil, das große Wort. / Dort war nicht Heil, dort hauste ein Phantom. / Wenn Kommunisten, wir, werden gescheitert sein, / dann bleibt doch diese Welt, machbar zum Wohn- / ort für Menschenkinder, und es wird sein. (67)

Es ist in Veerkamps Text nicht immer leicht, den Text von Paulus und den der Kommunisten auseinanderzuhalten. Wen hören wir im folgenden Passus sprechen?

Hört / die neue Bergpredigt … / so lehrte mich Majakowski zu reden. / Und lehrte uns den rechten Gebrauch / jener Fibel der Menschheitskämpfe. / Arche des Noach, Standort der Revolution. / Statt Kodex der Unterdrückten und Ausbeuter, / fremdartiges Lehrbuch der Freiheit. / So höre ich alte Worte neu: / ‚kein Jude und kein Grieche mehr', / die Frage der Nationalitäten ist gelöst; / ‚weder Privilegierte noch auch Sklave', / die Klassenfrage ist gelöst; / ‚nichts Männliches mehr, nichts Weibliches', / die Geschlechterfrage ist gelöst. / ‚Alle seid ihr eins im

Messias', / und der ist jetzt, in diesem Kampf, / die rote Macht, die Sowjetmacht. (6)
Diese ‚Verwirrung' ist Absicht. Was in Veerkamps biblisch-theologischen Texten ein (positives) Verhältnis (Schrift und Kommunismus) ist, ist hier (ich wage das bedenkliche Wort) Identität. In den mehrstimmigen Texten der Aktoren klingt unisono die Stimme des Autors.

7. Der Gott der Liberalen

Bisher waren die meisten Publikationen (biblisch-)theologisch mit einer religions- und gesellschaftskritischen ‚Anwendung'. Ab 2001 wird Veerkamp Mitarbeiter des HISTORISCH-KRITISCHEN WÖRTERBUCHS DES MARXISMUS. Er trägt Artikel bei über ‚Gott', ‚Himmel/Erde', ‚Katholizismus', ‚Liebe', ‚Mammon' und ‚Messianismus'. Es sind sozusagen die Früchte dessen, was Veerkamp im Lauf der Jahre an biblisch-theologischen Einsichten gewonnen hat. Dort war die Zielgruppe die kleine Minderheit derjenigen, die sich ein Leben ohne die Große Erzählung nicht gut vorstellen konnten. Jetzt ging es vor allem darum, Außenseitern die ideologiekritische Relevanz der biblischen Sprache und der ‚christlichen' Terminologie zu erklären.

2005 erscheint DER GOTT DER LIBERALEN, ein religions- und gesellschaftskritisches Buch mit einer biblisch-theologischen ‚Anwendung'. ‚Gott' ist hier eine religionskritische Kategorie, der Liberalismus eine Ideologie, die ‚Glauben' verlangt. Veerkamp bietet eine ‚KRITIK DES LIBERALISMUS' (so der Untertitel, der auf Marx' DAS KAPITAL. KRITIK DER POLITISCHEN ÖKONOMIE anspielt). Aber:

> *Der Untertitel [...] weist auf die Arbeiterbewegung hin. Wer den sogenannten Neoliberalismus kritisieren will, muss den Liberalismus kritisieren; wer den Liberalismus kritisieren will, muss sehen, dass die Arbeiterbewegung historisch gesprochen die einzig effektive und praktische Kritik des Liberalismus war.* (Liberalen, 24)

Und das große Problem unserer Zeit ist, dass diese Gegenbewegung gescheitert ist und der Liberalismus freie Bahn bekommen hat.

Liberale ‚Mythen'

Veerkamp konfrontiert das Selbstverständnis des Liberalismus mit der Wirklichkeit, auf der er basiert. Diese Wirklichkeit wird charakterisiert durch systemimmanente Widersprüche, die die sozialen Probleme (Ungleichheit, Unfreiheit und das Fehlen von Zusammengehörigkeit) unlösbar machen:

> *Steigende Arbeitsproduktivität in Kombination mit der relativen Sättigung [des Marktes; z. B. das Angebot an produzierten Autos ist grösser als die Nachfrage], der Schatzbildung [das angehäufte Kapital findet keine lohnenden Investitionsmöglichkeiten mehr; ‚es schlägt die Stunde des virtuellen Kapitals'] und der Auslagerung von industrieller Arbeit und von Arbeit im Dienstleistungssektor in Länder wie Indien.* (19)

Der Liberalismus aber ‚löst' diese Probleme, indem er sich als unentrinnbares Schicksal darstellt. Das sind die ‚liberalen Mythen'.

Veerkamp geht der Geschichte der ökonomischen Theorien nach, angefangen mit dem Mythos der ‚unsichtbaren Hand' (Adam Smith):

> *Das ist keine empirisch nachprüfbare Theorie, das ist Theologie. Die Unsichtbare Hand funktioniert als der Gott der Bourgeoisie, gerade weil er unsichtbar ist, wie auch das Naturgesetz unsichtbar in der sichtbaren Ordnung aller Dinge wirkt.* (66)

Es folgt der Mythos des Freihandels (Pareto). Aber faktisch:

> *wird [heute] der Weltmarkt von einigen hundert riesigen transnationalen Unternehmen dominiert. [...] Es ist reine Mythologie,*

wenn behauptet wird, entfesselter Freihandel stimuliere die Erwerbstätigkeit, schaffe Einkommen, wo früher keine waren, und fördere so den Wohlstand der Bevölkerung. (71)

Dann gibt es die ‚Tugendlehre' (Hume), die die ‚Selbstliebe' zum höchsten Gut erhebt und den ‚Nutzen', für den sich selbst liebenden Menschen, natürlich, zur höchsten Tugend (73). Und schließlich gibt es noch den Mythos, dass die Ökonomie aus sich selbst nach ‚Gleichgewicht', nach ‚Harmonie' strebe:

Tatsächlich bedeutet allein schon die Konkurrenz, dass Gleichgewicht unerwünscht ist, denn Wettbewerb ist immer versuchter und oft gelungener Verdrängungswettbewerb. Kapitalistische Wirtschaft ist keine Harmonie, sondern Krieg. (79)

Die zwei Gesichter der Bourgeoisie

Aber Veerkamp betont, dass wir den Liberalismus noch nicht ganz begriffen haben, wenn wir nicht bedenken, dass ‚alle bürgerlichen Revolutionen' ‚zwei Gesichter' hatten – und haben:

Sie setzten menschliche Möglichkeiten frei, die für die traditionellen Menschen ungeahnte Perspektiven öffneten, und befreiten aus Bindungen, die sie knechteten. Andererseits waren sie permanente Auflösungsprozesse aller Bindungen überhaupt. (60)

Diese Ambivalenz gilt auch für das Verhältnis der Bourgeoisie zur Religion, konkret: der Reformation. Das religiöse Vokabular ist nicht nur ein frommer Deckmantel, wie der Marxismus oft meinte, sondern ein ‚relativ autonom[er] Diskurs':

Luther und Calvin ging es nicht um eine bürgerliche Welt, sondern um die wahre, den ursprünglichen Intentionen ihres Stifters entsprechende Kirche. (55)

Aber namentlich der Calvinismus kam (mit seinem Arbeitsethos und seiner Hochschätzung des wirtschaftlichen Erfolgs) auch dem Verlangen der Bourgeoisie nach ihrer eigenen anti-feudalen Ordnung entgegen.

Das zweite, humane, Gesicht des Liberalismus war hauptsächlich Fassade:

> *Die Bourgeoisie verheißt Wohlstand, wo sie für die Mehrheit der Menschen nur Armut produzieren kann. Nur dort, wo sie [von der Arbeiterbewegung] an der ungehemmten Entfaltung ihrer Macht gehindert wurde, konnten die Verheißungen [...] vorübergehend, regional begrenzt und dann auch nur ansatzweise, Wirklichkeit werden.* (65)

Vorübergehend, regional, ansatzweise. Es klingt nach Torarepublik. Diese war ja auch vorübergehend, regional und nur eingeschränkt möglich, solange im Umfeld eine Ordnung herrschte, die ein Reich der Gleichheit, der Freiheit und der Zusammengehörigkeit nicht zulässt.

Der ‚vernunftgeleitete Liberalismus': Keynes

Es war die Zeit, in der die Bourgeoisie von der Arbeiterbewegung zu Kompromissen gezwungen wurde. Das war auch die Zeit, in der die ökonomische Theorie von John Maynard Keynes ihre Blütezeit erlebte. Keynes' Theorie ist das Beispiel eines ‚vernunftgeleiteten Liberalismus', in dem

> *man den ökonomischen Prozess nicht ‚dem laissez-faire überlässt', sondern ‚die Konsumneigung und die Investitionsrate ... wohlüberlegt und im sozialen Interesse kontrolliert'.* (111)

Aber, bemerkt Veerkamp dazu: *Leider sind weder soziales Interesse noch Vernunft homogene und universale Größen.* (112)

Denn Keynes' vernunftgeleiteter Liberalismus war nur erfolgreich dank einer bestimmten historischen Konstellation:

Das Keynesianische System konnte nach dem Zweiten Weltkrieg teilweise funktionieren, weil durch die gesellschaftliche Macht der Arbeiterbewegung die Kontrolle der Investitionsrate und so ein gesellschaftlicher Konsens über ‚Vernunft' und ‚soziales Interesse' vorübergehend möglich war. (ebd.)

Der ‚gerechte' Kapitalismus: Rawls

Dasselbe ist vom Konzept eines gerechten Kapitalismus von John Rawls zu sagen. Auch da war es eine spezifische Situation, die die Notwendigkeit eines solchen gerechten Kapitalismus plausibel machte (die Bürgerrechtsbewegung zusammen mit den Aufständen in den schwarzen Wohngebieten der US-Amerikanischen Städte Ende der 60er Jahre). Und genau wie übrigens auch Keynes erkannte Rawls nicht, wie zeitgebunden sein Konzept war:

Das gesellschaftliche Klima der ungefähren Waffengleichheit zwischen ‚Kapital' und ‚Arbeit' war das soziale Milieu eines Liberalismus, wie ihn John Rawls vertrat. (157)

Auch da gilt: *„Es gibt keine homogene und universale Vernunft."* (159)

Veerkamp gibt übrigens zu bedenken, dass es auch Typen von Liberalismus gibt, die von einer solchen Vernünftigkeit nichts wissen wollen: der ‚zynische Liberalismus' von Schumpeter (die Theorie der ‚schöpferischen Destruktion', praktiziert von der ‚neuen Sozialdemokratie'u. a. des ‚Labour'-Politikers Blair) und der ‚gläubige Liberalismus' von Hayek (Unterwerfung unter die unpersönlichen Kräfte des Marktes, ein *„bekennender Irrationa-*

lismus“ [129]). Auch der Erfolg dieser Liberalismen ist zeitgebunden. Ihr ‚Unterbau‘ ist ein Kapitalismus ohne Arbeiterbewegung.

Ist der Liberalismus gott-los?

Veerkamps Kritik des Liberalismus kann auf den Begriff ‚Gott‘ nicht verzichten. Das wäre zwar nicht unbedingt nötig gewesen, denn der Liberalismus ist ‚säkular‘. Die Anonymität seiner ‚letzten Instanz‘, das absolute ‚Gegenüber‘, dem sich alles unterwerfen muss, ist ‚gott-los‘. Aber, schreibt Veerkamp:

> *Für dieses absolute Gegenüber kann man die Vokabel ‚Gott‘ verwenden. Man kann auf die Vokabel ‚Gott‘ verzichten und sie durch den abstrakten Begriff ‚Gesellschaftsordnung‘ ersetzen, aber gerade die Vokabel ‚Gott‘ hat große Vorzüge. Das Wort ‚Gesellschaftsordnung‘ suggeriert, sie sei Menschenwerk und stünde deshalb jederzeit zur Disposition. Das Erste ist richtig, das Zweite nicht. Die herrschende Gesellschaftsordnung steht allen Gesellschaftsmitgliedern, auch den Mächtigsten unter ihnen, als eine unantastbare, quasi heilige Macht gegenüber.* (130)

Soweit die (Religions)Kritik des Liberalismus.

Die Arbeiterbewegung: Marx, Hegel und die blinden Flecken

Im zweiten Teil des Buches ‚gedenkt‘ Veerkamp der Arbeiterbewegung: *„ihre[r] Vordenker[..], ihre[r] Leistungen und ihr[es] Scheitern[s]“* (162).

Die ‚Vordenker‘ sind Marx und Hegel. Marx’ Theorie half der Arbeiterbewegung zu verstehen, wie der Kapitalismus funktioniert und welche Rolle sie in ihm spielte, zu spielen hatte (Objekt zu sein) und spielen konnte (Subjekt zu werden). Marx tut das, indem er das Unsichtbare sichtbar macht: das Kapital eignet sich den Mehrwert der Arbeit an, der Lohn scheint folglich eine adäquate Entlohnung der gelieferten Arbeit (198). Soweit war seine Theorie eine illusionslose Analyse der kapitalistischen Wirklichkeit. Aber das Interesse, das seine Theorie leitete, war emanzipatorisch:

> *Wie kann eine Produktionsweise aussehen, in der die gesellschaftlichen Bedürfnisse und nicht der Gewinn der Unternehmen organisiert werden?* (186)

Marx war jedoch nicht denkbar ohne Hegel, und das ist nicht ohne negative Konsequenzen geblieben. Denn von Hegel übernahm zwar nicht Marx, aber später wohl der Marxismus den Gedanken des unaufhaltsamen Fortschritts zum großen Ziel, dem Sozialismus. Dieser teleologische Gedankengang hat zu einem historischen Optimismus geführt, der Niederlagen nur schwer gewachsen war. Veerkamp schreibt nach der Niederlage des Sozialismus, aber auch schon viel eher war ihm bewusst, wie prekär es um die Befreiungsbewegungen bestellt war. Sein ganzes biblisch-theologisches Werk, auch vor der ‚Wende', bezeugt das: keine ‚Heilsgeschichte', sondern die ups and downs (immer wieder) in der Geschichte der Menschen, die versuchten, sich aus der Knechtschaft zu befreien.

Was ihn auch an Hegel irritierte, war dessen Spekulation über das ‚Ende' der Geschichte: *„Ende der Geschichte? Nein, Ende einer Geschichte"* (183).

Marx selber hatte auch seine blinden Flecken. So erkannte er, dass der Kapitalismus immer mehr Menschen überflüssig machte. Aber er sah diese ‚Überflüssigen' (das ‚Lumpenproletariat') als ein vorübergehendes Problem. Während es in unserer Zeit das Hauptproblem geworden ist: Menschen, die überhaupt nicht mehr dafür in Betracht kommen, ausgebeutet zu werden, „definitiv außer Kurs gesetzt“(207f.).

Die Notwendigkeit einer Großen Erzählung

Was Marx auch nicht im Blick hatte, war, dass Menschen mehr als Analyse brauchen, um in Bewegung zu kommen. Worte wie Freiheit, Gleichheit, Gerechtigkeit gehörten seiner Meinung nach der ‚Mythologie‘ an und lenkten nur vom Klassenkampf ab. Gewiss, Menschen sollen wissen, dass eine andere Welt objektiv möglich ist (Analyse). Aber sie müssen es auch wollen:

> *Die Fahnen, die Lieder, die mitreißenden Reden auf den großen Kundgebungen, jene historischen Liturgien der Arbeiterbewegung […] ohne sie wäre die Arbeiterbewegung keine Arbeiterbewegung gewesen.* (213)

Gebraucht wird mit anderen Worten eine ‚Große Erzählung‘. Diesen durch Lyotard populär gewordenen Ausdruck verwendet Veerkamp als Andeutung dessen, was tragende Ideologien (Liberalismus, Sozialismus, aber auch die Schrift und das Christentum) auszeichnet. Die Botschaft von Lyotard war: das Ende der Großen Erzählungen. Veerkamp teilt diese Einschätzung, aber er bedauert das. Nicht zufällig wird er hier persönlich:

> *Wer […] in den Jahren 1930–1960 in einer Arbeiterfamilie aufwuchs, weiß aus eigener Erfahrung und aus den Erzählungen von Eltern und Großeltern, wie tief die Arbeiterbewegung das Leben der Menschen verändert hat.* (218)

Es geht hier um Erzählungen. Veerkamp nennt Schriftsteller wie Andersen Nexö, Maxim Gorki und Upton Sinclair – und Brecht natürlich, mit seinen Theaterstücken. Die Zeit der Großen Erzählungen ist vorbei: Ende einer Geschichte. Was bleibt ist die Empörung:

> *Und wo die Geschundenen der großen Bauplätze und der neuen Industriezonen dieser Welt zusammenkommen, ihrer Herkunft gedenken, über ihre Gegenwart sprechen, mag eine GROSSE ERZÄHLUNG entstehen, mit der die Nachgeborenen leben werden.* (230)

Der Messianismus

Die Große Erzählung ‚unseres Jahrhunderts' war der Messianismus. Er sollte die Erfüllung der Sehnsucht der Verdammten dieser Erde sein, die Antwort auf die Frage: wie lange noch (das Elend dauern soll):

> *Ihre Verzweiflung, ihre Sehnsucht nach einem Messias, nach ‚endlich aufhören' bestimmt das Gesicht des Jahrhunderts.* (233)

‚Unser Jahrhundert', das ist das Jahrhundert des Kommunismus, des Glaubens, dass die Endzeit in der Tat angebrochen ist, das Kommen des Messias bevorsteht. Veerkamp zieht eine Parallele mit dem Messianismus in den apostolischen Schriften und ihrer Fortsetzung im Christentum. Da gibt es den Messianisten Lenin, da gibt es auch den Messianisten Paulus. Beide setzten darauf, dass die Weltrevolution nahte, und beide hatten ein Problem, als sich herausstellte, dass dem nicht so war. Die logische Fortsetzung war Stalin, der sich selber als Messias inszenierte und aus Lenin einen -ismus machte, eine ‚Weltreligion' – mit der Konsequenz einer terreur irrationale (Camus, der damit den deutschen Faschismus charakterisierte): *„Vor ihm [dem Stalinismus] verstummt man."* (239)

Stalin, aber auch das Christentum. Statt der Weltrevolution siegte das ‚römische System':

aber es siegte mit den Symbolen, die eigentlich die Opfer des Reiches und seinen ersehnten Sturz hätten veranschaulichen sollen. [...] Finster lächelnde Königsmutter Maria mit dem altklugen grausamen Kind auf dem göttlich begnadeten Schoß – so machen erniedrigte Mädchen und erhängte Rebellen Karriere. (235)

Von diesem Messianismus müssen wir uns verabschieden. Er ist die gefährliche Illusion einer endgültigen Lösung aller Probleme:

Der Messianismus, also der Anspruch des Kommunismus bolschewistischen Typs, die Lösung des Rätsels der Menschheit zu sein, führt [...] fast unvermeidlich zu jenem Furor, den Stalin zwischen 1935 und 1939 und dann wieder zwischen 1947 und 1953 entfachte. (240)

Das Problem der Sozialisten war,

dass die verheerende, epochale Niederlage von 1989 nicht vorgesehen war. Deswegen ist für viele von ihnen das Scheitern das Ende. (241)

Aber, betont Veerkamp aufs Neue: *„Das Scheitern ist [...] nicht das Ende, die messianische Illusion ist am Ende."* (ebd.)

Die zwei Verbote der Tora

Die Botschaft im letzten Teil des Buches ist: zurück zur Tora. Es geht um eine nicht-theologische Interpretation einer theologischen Aussage:

Der Satz ‚Der gestaltlose Gott allein ist Eigentümer' heißt ordnungspolitisch: ‚Niemand ist Eigentümer, niemand kann frei über Grundbesitz verfügen.' (252)

Im Zentrum stehen in dieser ‚Geschichtslegende' (der Tora) die zwei Verbote: 1. Das Verbot Sklaven zu halten; 2. Das Verbot Besitz zu akkumulieren. Das ist der grundlegende Unterschied zum Liberalismus – und allen anderen Gesellschaftsordnungen, die auf Enteignung und Sklaverei (bis zur Lohnsklaverei) basieren. Denn diese Ordnung ist eine *„‚Rechtsordnung‘: das Recht, sich nach Maßgabe der eigenen Begabungen und Fähigkeiten in die gesellschaftliche Kooperation einzubringen“* (261). Veerkamp nennt dieses Recht „das Grundrecht auf menschliche Würde“ (ebd.) Er ‚zitiert‘ Art. 1 der Verfassung: „die Würde des Menschen ist unantastbar.“ Aber, schreibt er:

> *Die geltende Eigentumsordnung tastet die menschliche Würde notwendig an, und gerade die Ordnung des Eigentums ist bei uns Verfassungsordnung.* (270)

Die Ordnung des Liberalismus dagegen ist eine ‚Gnadenordnung‘:

> *De[r] Gesellschaftszustand, in dem Menschen, die nur über ihre Arbeitskraft als Vermögen verfügen und [sic] nur mit der Erlaubnis arbeiten und letztlich leben können [...]* (262).

Wie der Kampf um die menschliche Würde zu führen ist, lässt Veerkamp offen. Was er in seinem Buch zu beweisen versuchte, war: *„Dass er geführt werden muss und dass er auf dem Schlachtfeld der Ökonomie geführt werden muss“* (270).

Zum Schluss warnt Veerkamp:

> *Wer keine Alternativen mehr sehen kann oder will, beschwört die Schatten der Verzweiflung und der Brutalität des Systems.* (272)

Es folgt aber ein Trostwort:

> *Wer sie aber sucht, ist wie das Licht. Er ‚will beginnen / mit kleinen Schritten‘ (Bobrowski).* (ebd.)

8. Das Johannes-Projekt

Nach Der Gott der Liberalen veröffentlicht Veerkamp einen Kommentar zum Johannes-Evangelium (2006/2007), begleitet von einer Übersetzung (2005). Vorausgegangen war schon eine Anzahl von Studien über Johannes: Der Priester, der Büttel und der Narr (1989, eine Auslegung von Joh 18,28–19,16: Jesus vor Pilatus), Auf Leben und Tod (1991, eine Auslegung von Joh 10,49–11,54: die Erweckung des Lazarus), Weltordnung und Solidarität, ein Kommentar zum 1. Johannesbrief (1996), Der Sieg des Titus oder der Abschied des Messias (2000) und Der Abschied des Messias (2002, eine Auslegung von Joh 13–17). Es folgte noch Abschied vom Christentum (2019, eine Auslegung von Joh 21). Zusammen bilden sie das, was man als sein ‚Johannes-Projekt' bezeichnen könnte. Das Thema ist der Abschied des Messias. Dies ist auch der Titel des Johannes-Kommentars und zweier anderer Studien.

Noch einmal: Abschied des Messias

Es geht hier, anders als Veerkamp zuerst dachte, um einen genitivus subjectivus, nicht um einen genitivus objectivus:

> *Der Titel dieser Auslegung, ‚Der Abschied des Messias', war zunächst: ‚Der Abschied vom Messias'. Der Abschied ist alles andere als subtil. […] Der Abschied vom Messias wäre nichts*

anderes als das Eingeständnis, dass die Schüler sich geirrt hatten. Wäre Johannes dieser Ansicht gewesen, dann hätte er so etwas wie den Jüdischen Krieg des Flavius Josephus geschrieben. (Abschied II, 141f.)

Also einfach die Erzählung eines verlorenen Krieges, eine Erzählung ohne Messias. Aber es ist der Messias selber, der sich verabschiedet.

Eine Enteignung

Das Johannes-Projekt kehrt sich gegen die christliche Johannes-Lektüre:

Es liegt mir daran, dass das Johannes-Evangelium nicht länger als christlicher Text gelesen wird, nicht als ein Text, der Privateigentum der westlichen Kultur und einer westlichen Kirche ist. (Übersetzung, 7)

Johannes muss dem Christentum enteignet werden. Dazu verwendet Veerkamp die Methode der Verfremdung:

[Die Leser] werden einen völlig anderen Text finden als den, den sie gewöhnt sind. Ihnen werden vertraute Wörter wie Menschensohn, ewiges Leben, jüngster oder letzter Tag fehlen. Einen Heiligen Geist werden sie ebenso wenig wie das Lamm Gottes antreffen; erst recht gibt es hier keinen Teufel [als wären die Juden Kinder des Teufels]. […] Die handelnden Personen tragen ihre aramäischen bzw. hebräischen Namen als orientalische Gewänder. Jeschua (Jesus) befremdet genauso wie Jochanan (Johannes). (ebd.)

Aber Veerkamp bemerkt dazu:

Das Fremdartige dieser Übersetzung ist kein Manierismus, kein selbstgefälliges épater le bourgeois. Ich will keine frommen Christinnen und Christen ‚vorführen' und ihnen den Vater ihres

> *lieben Jesus madig machen. Ich setze mich in dieser Übersetzung mit meiner, unserer Vergangenheit auseinander, und das bedeutet auch, dass Liebgewordenes auf der Strecke bleibt und bleiben muss.* (10)

Die Sprache des Johannes ist nicht die der Gnostik, wie eine christliche Auslegung oft annimmt. Johannes (der Autor des Evangeliums und der Briefe) schreibt ‚israelitisch': in Veerkamps Kommentaren finden wir ausschließlich Verweisungen auf den TeNaKh.

Der Disput, den Veerkamp mit der christlichen, der kirchlichen Lektüre des Johannes führt, richtet sich namentlich gegen die Auslegung des Prologs des Johannes-Evangeliums als Grundlage der Trinitätslehre;. Denn der Prolog kann nur vom ersten Kapitel der Schrift (Genesis) her verstanden werden: *„[Die Schöpfungserzählung] ist das politische Fundament sowohl der Schrift wie des Evangeliums."* (Abschied I, 8)

Die Trinitätslehre als Drei-Einheit von Vater-Sohn-Heiligem Geist verkennt auch, dass der Sohn an erster Stelle Israel ist und Jesus Christus ‚nur' ein Sohn Israels. Der Messias findet ausschließlich innerhalb Israels statt, der Geist ist ausschließlich die Inspiration, die von Gott und diesem Messias ausgeht: *„Die Einheit VATER – Messias – Inspiration ist die Einheit Israels durch alle Weltepochen."* (Messias, 65)

‚Israelitisch' lesen

Johannes schreibt, Veerkamp liest ‚israelitisch'. Und diese Art des Lesens ist eine durchgehende Kritik der ‚christlichen' Art, in der die Kirche Johannes gelesen hat und noch liest – wenn auch nicht mehr so unangefochten wie früher. Einige Beispiele:

„das Wort wird Fleisch" (Joh 1,14). Es geht hier um etwas, das für jemanden, der ‚griechisch' denkt, fast undenkbar ist:

> *Das ewige unvergängliche Wort, der logos, kann sich nach der neoplatonischen Logik nicht mit der vergänglichen menschlichen Wirklichkeit vereinen. [...] Das Wort (ewig, unvergänglich) = ‚Fleisch' (zeitlich, vergänglich) sprengt aber diese Metaphysik.* (Abschied I, 20)

Die christliche Theologie hat das Problem zwar gesehen, aber, der griechischen Denkart zu sehr verhaftet, verlor sie sich in komplizierten Spekulationen, die Lichtjahre von Johannes entfernt waren.

Was die Kirche bei ‚das Wort ward Fleisch' auch übersah, war, dass ‚Fleisch' sich nicht auf ‚den' Menschen bezog, sondern auf den jüdischen Menschen. Wobei Veerkamp einen Schritt weiter geht als Barth und Marquardt (Jesus war Jude). Das Wort ‚Jude' bezieht sich hier auf:

> *eine[n] ganz bestimmten Juden, der in den konkreten politischen Auseinandersetzungen seines Volkes eine ganz bestimmte Stellung eingenommen hatte, eine Stellung, die ihn in einen tödlichen Gegensatz zu den Eliten seines Volkes und zu Rom als Besatzungsmacht brachte* (21).

‚Israelitisch' lesen bedeutet politisch lesen.

Ein anderes Beispiel: „Niemand hat je Gott gesehen" (Joh 1,18). Das ist:

> *keine empirische Feststellung, sondern [...] Der Satz bedeutet: Gotteserfahrung ist etwas zutiefst Illegitimes. Wer diese Gottesunmittelbarkeit politisch umsetzt, erhebt den Anspruch, die innerste Ordnung der Gesellschaft persönlich und absolut zu verkörpern. Das haben Kommunisten ‚Personenkult' genannt, und das ist eine korrekte Beschreibung dessen, was unter Stalin mit*

der kommunistischen Partei und mit den Menschen der Sowjetunion geschehen ist. (25)

Mit diesem Hinweis auf den ‚Personenkult' der Kommunisten gibt Veerkamp die benötigte Schärfe an das, was die Kirche getan hat, indem sie den sichtbaren Messias mit dem grundsätzlich unsichtbaren Gott der Bibel identifizierte:

Auch der Messias hat ‚Gott' nicht gesehen. Niemand hat gesehen. Der Messias hat das, was hier mit der Vokabel ‚Gott' ausgesagt werden soll, nicht gesehen, sondern ‚erklärt', exègèsato. (ebd.)

Auch hier hat die Kritik des kirchlichen Dogmas eine politische Pointe. Denn wenn Christus die persönliche und absolute Verkörperung von ‚Gott' ist, dann ist eine Kirche, die sich im Namen Christi über allen Zweifel erhebt, nicht weit weg.

Noch ein Beispiel: „der Sohn, der Einziggezeugte" (Joh 3,16):

Christen denken dabei immer an das Trinitätsdogma, Jeschua als der ewige Sohn des VATERS, genitum non factum ‚gezeugt, nicht gemacht'. Nein, hier ist der SOHN nicht die Gestalt von Daniel 7 [das Erscheinen des Menschensohnes als Verkörperung der Humanität], sondern die Repräsentation Jitzchaks. [...] Johannes verfremdet die Erzählung von der Bindung Jitzchaks [JHWH verhindert, dass Isaak geopfert wird]. Führt die Zukunft Abrahams über die Lösung der Bindung Jitzchaks, so führt hier die Zukunft über die Schlachtung des Messias, so brutal muss man das Wort edokèn, ‚hingegeben' [gab den Sohn, den Einziggezeugten] deuten. ‚Gott' geht den ganzen blutigen Weg nach unten, weil die Weltordnung den Gott sozusagen zwingt, seinen Einzigen töten zu lassen. (61)

‚Israelitisch' geht der Weg immer von oben nach unten, bei Johannes bis zum äußersten Unten, das sogar Abraham so nicht gekannt hat. Die Kirche ist immer der Verführung erlegen, den Weg von unten nach oben zu gehen.

Ein letztes Beispiel: „Wenn ihr [Juden] keine Zeichen und Erweise gesehen hättet, dann hättet ihr nicht vertraut" Joh 4,48). Die christliche Auslegung liest: Juden ‚glauben' nur, wenn sie ‚Zeichen und Erweise' sehen, Christen ‚glauben' auch ohne – was dann natürlich erst recht ‚glauben' heißen darf. Aber die Juden haben Recht, wenn sie ‚Zeichen und Erweise' erwarten. Sie denken ‚materialistisch' und das ist auch gut biblisch: *„Befreiung muss in Israel immer sinnlich erfahrbar sein"* (92). Worum es geht ist:

> *der Unterschied zwischen dem Israel der sinnlich erfahrenen und erfahrbaren Befreiung und dem Israel vor den Trümmern seiner Geschichte.* (ebd.)

Das ist die Situation, in der Johannes schreibt, die Situation, die die Kirche mit ihrer Verkündigung des ‚Christus ist auferstanden' verdrängt hat.

Antisemitisch?

Der Anlass, sich intensiv mit Johannes zu beschäftigen, war die Debatte über die Frage, ob Johannes nicht anti-jüdisch war, eine antisemitische Schrift, die in der Verkündigung der Kirche keinen Platz haben darf. Der Jude Micha Brumlik, engagiert im jüdisch-christlichen Dialog, sagt es laut und deutlich:

> *Wir können […] mit diesem Buch innerhalb des Dialogs überhaupt nichts anfangen. [Dieser Text] ist eine Botschaft der Abgrenzung, der Furcht, der Angst und des Hasses.* (zitiert in: Leben, 16)

Veerkamp stimmt dem zu: Dieser Text ist zu sehr in die anti-jüdische Geschichte der Kirche verwickelt, um aus ihm noch predigen zu können – als wäre nichts geschehen. Aber der Text ist Teil des Kanons und das verpflichtet uns, ihn für sich selbst sprechen zu lassen (bis es uns in der Tat nicht mehr gelingt, diesen, unverkennbar anti-jüdischen, Text anders zu lesen als es die Kirche getan hat, und noch tut).

Dann stellt sich heraus, dass das anti-jüdische Element bei Johannes sich auf einen Konflikt bezieht, der mit dem Konfliwischen Kirche und Synagoge nichts zu tun hat:

> *Der Text ist ein Konflikttext. Die Konfliktparteien sind die führenden Kreise des jüdischen Volkes auf der einen, die Gruppe um den Verfasser dieses Textes auf der anderen Seite. Meistens im Hintergrund bleibt der eigentliche Feind: Rom. Der Konflikt zwischen Johannes und den Pharisäern besteht, wenn ich richtig sehe, darin, dass für Johannes die Pharisäer aufgehört haben, den Kampf gegen Rom kompromisslos zu führen.* (16f.)

Aber der Konflikt beschränkt sich nicht auf das jüdische Establishment und die Pharisäer, er betrifft auch jene Juden, die glauben, dass Jesus der Messias ist, aber ihm nicht folgen können auf seinem Weg in die Tiefe, dorthin, wo es nur noch Trümmer gibt. Der Konflikt ist ‚total', so total wie die Übermacht Roms.

Das erklärt auch den Sprachgebrauch des Johannes. Seine Gegner sind Juden, aber Juden, die ‚abweichen', und gerade diese können nicht scharf genug bekämpft werden. Sie tun es ihrerseits auch nicht weniger. Die Johannes-Partei wurde selber aus der Synagoge exkommuniziert. Veerkamp verdeutlicht diesen Sprachgebrauch durch einen Vergleich mit der schonungslosen Art, in der Kommunisten und Sozialdemokraten miteinander umgingen:

> *Der Text kann also gelesen werden als die Streitschrift einer Gruppe, die gerade ‚aus der Partei ausgeschlossen' wurde. Wir kennen diesen Vorgang. Für die Ausgeschlossenen sind die Aus-*

> *schließenden die Verräter, die ‚Revisionisten', die ‚Kompromissler' usw.; die Ausgeschlossenen vertreten die einzig wahre ‚Parteilinie'.* (17)

Veerkamp lässt keine Unklarheit darüber bestehen, dass wir es hier mit einem Sektierer zu tun haben. Er hat auch Verständnis dafür, dass seine Gegner ihn als ‚Scharlatan' sehen (29). Und für uns, die diesem gescheiterten Messias ‚vertrauen', fügt er hinzu:

> *Trotz dieses Vertrauens würde uns eine gewisse Skepsis nicht schlecht bekommen, wie von jenem chassidischen Rabbi erzählt wird, der auf die Nachricht, der Messias sei gekommen, in die Welt schaute, befand, dass keine Veränderung zu sehen wäre, und wieder an das Talmudstudium ging.* (ebd.)

Skepsis ist für Veerkamp die notwendige Voraussetzung, um den prekären Charakter seines Johannes-Projekts richtig zu verstehen. Erst wenn man sich bewusst ist, wie unglaubwürdig das Evangelium nach Johannes ist, erkennt man, was es bedeutet, sich zu Jesus als dem Messias zu bekennen. Dafür steht im Evangelium selber Thomas, der Skeptiker, wenn auch „ein in seiner ganzen Skepsis (Joh 14,16) vorbehaltlos Solidarischer: [...] Der Skeptiker wurde in der Gemeinde nicht verdammt. (Abschied II, 126)

Kinder des Teufels?

Die Polemik des Johannes gegen die ‚Juden' wird extrem in der Rede Joh 8,44, in der, so die christliche Auslegung, Jesus die Juden Kinder des Teufels nennt. Aber der ‚Satan', um den es hier geht, ist nicht der Funktionär am himmlischen Hof (wie im Buche Hiob), sondern: *„Der Satan ist ein irdischer Tyrann, er ist die Weltordnung, er ist Rom."* (Abschied I, 146)

‚Kind des Satans' wird das jüdische Establishment in dem Moment, als sie Pilatus versichern: „Wir haben keinen König, es sei denn Caesar" (Joh 19,15). Und ‚Kinder des Satans' werden in den Augen des kompromisslosen Johannes alle Juden, die sich in irgendeiner Weise mit dem Caesar arrangieren.

Das eigene Thema des Johannes: die ‚Lehre' des Kreuzes

Unter der Voraussetzung dieser Aufräumarbeit kann das Thema von Johannes selbst zur Sprache kommen: der Abschied des Messias. Der Messias geht bei Johannes weg. Dieses ‚Weggehen' bedeutet zweierlei. Zuerst ist es eine ‚Lehre' (Johannes' Text ist für Veerkamp vor allem ein ‚Lehrhaus'):

> *Er [der Messias] entlarvt die messianischen Illusionen der Messianisten, gleich ob sie Schüler des Jeschua waren oder zelotische Kämpfer, die ihre eigene Auffassung über den Messias hatten.* (Abschied II, 142)

Hier hören wir aufs Neue Veerkamps Kritik des Messianismus:

> *Keine menschliche Politik kann je messianisch sein, keine menschliche Politik kann die Probleme der Menschheit definitiv lösen.* (ebd.)

Und die Anwendung folgt sogleich:

> *Hätten die russischen Bolschewiki ihren eigenen Messianismus durchschaut, wäre aus ihrem revolutionären Projekt nicht so schnell und gründlich Stalinismus geworden.* (ebd.)

Das ist die ‚Lehre' des Kreuzes: *Das Kreuz ist das Ende aller politischen Illusionen.* (Abschied I, 142)

Und diese Lehre ist heilsam:

> *weil unter den realen, von Rom geschaffenen Umständen die Niederlage die einzige Möglichkeit des Sieges ist. Am Kreuz wird*

> *die Weltordnung ein für alle Mal ins Unrecht gestellt. Das ist die endgültige Entlarvung Roms.* (Abschied II, 142)

Soweit das, was Johannes lehrt. Aber es gibt auch ein Zweites:

> *die MESSIANISCHE INSPIRATION, von Johannes PARAKLET (Anwalt) genannt. […] Diese messianische Inspiration macht alle Politik vorläufig, sie besteht allenfalls in einstweiligen Maßnahmen zur Verbesserung der Lebensumstände der Menschen. [Aber] bessere Lebensumstände sind allenfalls Schritte auf dem Weg zu einem Ziel, das die Politik nie erreicht und nie erreichen soll, das aber unsere tiefste Sehnsucht ausmacht. Ohne dieses Ziel wird alles Leben weglos. Messianische Inspiration ist, wie Johannes sagt, das, was uns ‚den Weg entlang führt' (Joh 16,13). Der Weg führt nicht in irgendein Jenseits, irgendeinen Himmel, irgendein Leben nach dem Tod, das wäre religiöse Entstellung. Es geht […] um ein messianisches Leben in einer kommenden Epoche auf dieser Erde.* (142)

Aber wir hätten Johannes falsch verstanden, wenn wir das ‚in einer kommenden Epoche hier auf Erden' auffassten, als könnte man die Perspektive auf die lange Bank der Geschichte schieben:

> *Messianische Inspiration heißt, dass in aller Politik etwas vom Messias zum Vorschein kommen sollte. Dieses Etwas ist bei Johannes die agapè, die Solidarität der Mitglieder der Gemeinde untereinander.* (ebd.)

Das Programm des Johannes ist radikal (kein Kompromiss mit der herrschenden Weltordnung) und minimal zugleich: was bei Johannes fehlt, ist die Auferstehung. Wenn von Auferstehung die Rede ist, ist die Auferstehung Israels gemeint (14). Und im Unterschied zu den anderen Evangelien, in denen der Messias kommt, verkündigt Johannes den Messias ‚bis er kommt'. Wer diesem abwesenden Messias folgt, muss wissen, dass das bedeutet: nichts als durchhalten, aushalten, festbleiben. (136)

Contra Paulus

Dieses Minimale ist unter den gegebenen Umständen das Maximale. Mehr ist nicht drin. Johannes schreibt nach dem Jahr 70, nach der katastrophalen Niederlage des jüdischen Aufstandes gegen die Römer. Diese Niederlage bedeutet nach Johannes nicht nur das Ende der zelotischen Illusion, man könnte Rom mit militärischen Mitteln besiegen, sondern ebenfalls das Ende des Paulinischen Projekts: eine Gemeinde aus Juden und Gojim als Vorbote einer ‚neuen Weltordnung'. Dazu gehörte auch eine bestimmte Strategie: die ‚Bewährung' (wie Veerkamp dikaiosynè übersetzt; die übliche Übersetzung ist: Rechtfertigung) ohne die Werke der Tora, die es ja den Gojim unmöglich machte, gleichberechtigte Mitglieder der messianischen Gemeinde zu werden. Das Problem des Paulinischen Projekts war, dass es offenbar nicht funktioniert hat. Kommt die ‚neue Weltordnung' nicht – und sie ist nicht gekommen –, dann:

> *Dann wird die Bewährung ohne die Werke der Tora zu einem Wolkenkuckucksheim: was soll man sich dann noch unter jener ‚Rechtfertigungslehre' vorstellen, wenn eben doch alles beim alten bleibt?* (Weltordnung, 132)

Johannes stellt dem gegenüber: „die Tora ist und bleibt der Weg" (ebd.), auch wenn diese keine Chance hat, in eine politische Strategie umgesetzt zu werden. Die Politik als die Kunst des Möglichen ist nach Veerkamp zwar die ‚Lehre', die Johannes' radikaler Abschied vom Messianismus (‚kein Messias mehr') uns lehrt. Für Johannes selber bleibt als einzige Option, an dem durch die Tora gebotenen Weg festzuhalten: *„eine unbedingte Absage an die Modernität Roms, die sich überall durchgesetzt hat"* (135).

Veerkamp ist mit Johannes einverstanden: Mit der herrschenden Weltordnung einen Kompromiss zu schließen wäre Verrat. Für Johannes und für uns. Denn die Situation von Johannes ist der unseren zum Verwechseln ähnlich, die ‚Modernität' Roms ist die Modernität, in der wir immer noch leben müssen. Nach ‚70' ist nach ‚1989', nach der ‚Wende'.

Was tun?

Was bedeutet das in der Praxis? *„Die Unversöhnlichkeit unseres ‚Johannes' macht das Leben, das Weiterleben oder gar das Überleben in einem von Grund auf bösen Weltsystem schwer."* (ebd.)

Wer diese Unversöhnlichkeit in die Praxis umsetzt, kann Terrorist werden. Veerkamp sieht eine Analogie zwischen Johannes und der Iranischen Revolution von Khomeini. Dort wurde die bedingungslose Ablehnung der Modernität tatsächlich zur politischen Praxis gemacht und diese Praxis führte *„die Menschen Irans in eine unmenschliche Barbarei".* (136)

Aus Johannes lässt sich kein begehbarer Weg ableiten:

> *‚Johannes' [gemeint ist der 1. Johannesbrief, aber es gilt auch für das ganze Johannes-Projekt] ist ein Dokument der Verzweiflung. […] Die Hoffnungen waren zerschlagen. Er wollte nichts zurücknehmen oder bedauern. Er wusste den nächsten Generationen nicht zu sagen, wie sie nun weiterleben werden [sic]. Er sagt nur: ‚Haltet euch solidarisch (agapè!) aneinander fest, lasst euch nicht von der Weltordnung (kosmos!) und faulen Kompromissen (pseustès!) in die Irre führen.* (137)

Aber auch Solidarität kann eine Attitüde werden und ist noch keine politische Strategie (ebd.). Damit müssen wir uns abfinden. Wir werden selber einen Weg finden müssen – ohne die Radikalität von Johannes aufzugeben.

Wir, das ist konkret und persönlich gemeint. Wir, das sind die Menschen, die wie Veerkamp beim Lesen von Johannes eine ‚tiefe Trauer‘ empfinden. Denn mit den Emmausgängern sagen wir: „Wir aber hatten gehofft“ (Lk 24,21). Denn wir meinten in einem ‚messianischen Jahrhundert‘ zu leben, worin alle Probleme der Menschheit definitiv gelöst werden würden. Veerkamp wiederholt hier seine Kritik des Messianismus, aber jetzt unter einem anderen Vorzeichen. Denn: *„Bei allem ‚hatten wir aber gehofft …‘.“* (138)

Wir wissen, das ist alles vorbei: Es gab niemanden mehr, der noch auf eine Gesellschaft hoffte, in der es genug für jedermann geben würde. Und unvorstellbar geworden war, dass je eine Gesellschaft käme, in der zwar nicht die Arbeit, aber wohl die Lohnarbeit abgeschafft wäre. ‚Wir aber hatten gehofft …‘.

Uns wird gepredigt, dass diese Erwartungen unrealistisch waren – nicht selten gerade von denen, die selber diese Hoffnung hatten, sie aber aufgegeben haben:

> *In dieser Hoffnungslosigkeit werden sie zu jenen, die sich ‚solidarisch erklärten mit der Weltordnung und ihrer Raffgier‘; sie meinen zu wissen, diese Ordnung gehe nicht vorbei, der Mensch sei so, weil ‚Gott‘ eben so sei und die Welt erst recht. Und so sei alles endlich in ‚Ordnung‘.* (ebd.)

Wir aber hatten gehofft.

Das Vermächtnis

Aber es reicht nicht aus, es bei diesem ‚Wir aber hatten gehofft' zu belassen. Wir haben ein ‚Vermächtnis':

> *Ein Vermächtnis einer Messiaslehre, in der nicht die Versöhnlichkeit, die Versöhnung mit dem Bestehenden, sondern die Unversöhnlichkeit, die unversöhnliche Ablehnung der Ordnung des Menschenmörders zentraler Impuls ist.* (139)

Mit Johannes bleiben wir dabei:

> *Zorn und Unversöhnlichkeit sind die Haupttugenden derer, die so nicht weiterleben wollen.*

Wir wissen:

> *wohin solcher Zorn uns führen kann, wie Unversöhnlichkeit in Fanatismus umschlagen kann.*

Wir wissen auch:

> *Nur die Vernunft kann den Zorn zügeln und so schlagkräftig machen.*

Aber:

> *Wer aber kann vernünftig sein, wer kann Hoffnung haben, wenn diese Weltordnung uns ihre Übermacht und unsere Ohnmacht so zynisch vorführt? Woher nehmen wir die Macht, die der Vernunft und der Hoffnung einen festen Boden bereitet?*

Was kann man mehr sagen als:

> *Der Messias ist ermordet worden, und er ist tot. Wir aber, mit diesem Zorn, mit diesen Fragen, leben. Kein anderer kommt mehr. Wir erinnern uns seiner.*

Aber wie eigentlich immer bei Veerkamp ist sein letzter Satz ein Bekenntnis:

> *‚Große Erzählungen' sind nie am Ende.* (dieses Zitat und die vorhergehenden: 139)

Messianischer Widerstand

Am Schluss seines Kommentars zum Johannes-Evangelium kommt er noch einmal auf das zurück, was er den ‚messianischen Widerstand' nennt:

> *Der Widerstand ist heute entweder Amoklauf oder Liturgie. Die Liturgie des Widerstands mag vorerst an den Machtverhältnissen der herrschenden Weltordnung wenig ändern, aber die Liturgien der Messianisten haben damals die Hoffnung auf die absolute Alternative lebendig gehalten, und die heutigen Liturgien des Widerstands werden das gleiche bewirken. Im Widerstand dieser Minderheit schlägt das Herz des Messias.* (Abschied II, 147)

Damals und heute, denn:

> *Der Feind des Johannes, die Weltordnung, ist immer noch unser Feind, weil in ihr ein Leben nach dem Maßstab des MENSCHEN, bar enosch, nicht möglich ist. Lehrt uns Johannes. Diese Lehre gilt.* (ebd.)

Ein Epilog

Es folgt noch ein, wie man es nennen könnte, Epilog: das Schlusskapitel, das später hinzugefügt wurde (Joh 21), die Erzählung des ‚wunderbaren Fischfangs', in der Jesus Petrus aufträgt, seine Schafe zu hüten, und ‚der Schüler, dem Jeschua solidarisch verbunden war' (das muss wohl Johannes sein), ihm folgt.

Der Grund dieser Hinzufügung ist nach Veerkamp, dass die Gruppe um Johannes erkannte, dass sie nur eine politische Chance hatte, wenn sie sich der Führung des Petrus unterwirft, also der katholischen, das ist die allgemeine christliche Kirche (104). Die Frage ist dann:

Was geschieht mit der eigenständigen und wohl auch recht eigensinnigen Gruppe um Johannes innerhalb der vereinheitlichten messianischen Bewegung? (135)

Die Antwort ist:

In der weltweiten messianischen Bewegung soll es die verschiedenen Formen der Nachfolge geben. Die messianische Bewegung ist eine politische Bewegung, aber keine politische Partei und folglich gibt es in der messianischen Bewegung keine Parteidisziplin. (136)

So hat es das Johannes-Evangelium in den Kanon geschafft und so ist es auch in der Kirche überliefert worden. So kann Johannes für sich sprechen, mit seiner eigenen Stimme, die zwischen den anderen Stimmen so oft überstimmt wurde von dem, was die Kirche aus ihr gemacht hat. Und auf seine Weise kann er für die Große Erzählung sprechen, die im Christentum ‚aufgehoben', aber auch ‚bewahrt' blieb:

Sicher war das Christentum über große Zeitstrecken eine religiöse Sanktionierung der herrschenden Ordnung. Aber tief in ihm steckt die Große Erzählung Israels, die der Impuls des Messianismus der Evangelien und der apostolischen Schriften war. Denn das Buch der Großen Erzählung, das die Kirche jeder neuen Generation weiterreicht, war immer wieder mächtiger als jeder kirchliche Disziplinierungsversuch, als alle religiösen Fälschungen und alle Versuche, die Große Erzählung zu domestizieren. […] So wirkte und wirkt die Inspiration der Treue oder, klassisch, der Heilige Geist. Diese Wirkung ermöglichte der Abschied des Messias. In der Kirche. Nicht selten gegen die Kirche. (146)

Veerkamps Johannes-Projekt befreit Johannes aus seiner klerikalen Enteignung. Aber mit seiner antiklerikalen Lektüre erinnert er die Kirche an das, was sie immer wieder in Bewegung brachte.

9. Die Welt anders

2012 erscheint Veerkamps opus magnum, Die Welt anders. Politische Geschichte der Grossen Erzählung. Es ist die Ernte jahrzehntelanger Lehrhausarbeit. Wer Veerkamps Arbeit verfolgt hat, dem wird vieles im Buch bekannt sein. Das Besondere ist vor allem, dass es für nicht-christliche Leser geschrieben wurde und im Argument-Verlag, einem marxistisch orientierten Verlagshaus, veröffentlicht wurde. Im selben Verlag erschien auch schon Der Gott der Liberalen. Aber da war das Thema eine ‚säkulare' Ideologie, der Liberalismus. Jetzt ist das Thema die Große Erzählung der Bibel. Bis dahin waren Veerkamps biblisch-theologische Texte für die kleine Minderheit bestimmt, die (noch) etwas mit der Bibel anfangen konnte und von Veerkamp lernte, dass die Bibel kein religiöses, sondern ein politisches Buch ist, dessen Botschaft der radikale Widerstand gegen die herrschende (Sklavenhalter-, feudale, kapitalistische) Ordnung ist. Diese linkspolitische Lektüre der Schrift diente dem internen Gebrauch. Die Sprache der Bibel war ‚Binnenwährung', wie sein Freund Till Wilsdorf es treffsicher formulierte: eine Währung, die nur im begrenzten Bereich der Schriftgelehrtheit gültig war. Veerkamp schreibt dazu:

> *Nichtchristlichen Mitstreiterinnen und Mitstreitern war das nichttaktische Verhältnis zur Theologie, erst recht zur biblischen Theologie, nicht vermittelbar.* (Autonomie, 11)

Nicht zu vermitteln war es auch, zu sagen, dass man es ohne die Bibel nicht durchhalten würde zu glauben, die Welt könnte geändert werden. So wie Veerkamp es tat in seinem ‚Credo':

> *[K]önnte ich Politik machen, wenn ich mir nicht immer wieder sagen lassen würde, was ich von mir aus nicht glauben könnte, sondern was diese Welt dauernd zu widerlegen scheint: dass diese Welt nicht dem tohu, diesem bedrohlichen Chaos, gewidmet ist?* (Lehrhaus, 36)

Dieses Credo ist übrigens nicht das Bekenntnis zu einem persönlichen Gott, der spricht und sich ansprechen lässt. Als Veerkamp in einem Interview in der Zeitschrift JUNGE KIRCHE gefragt wird, ob er erfahren habe, dass Gott ihn anspricht, antwortet er:

> *Der Prophet Jesaja spricht mich an. Wenn dort gesagt ist ‚ich habe die Welt nicht für den Irrsinn geschaffen, sondern zum Bewohnen', tröstet mich das. In solchen Sätzen wird direkt angesprochen, was für mich das große Problem ist, nämlich die Finsternis dieser Welt, der Irrsinn dieser Welt. Und dort wird gesagt: Den Irrsinn gibt es zwar, aber er muss nicht sein. Diese Zusage ist die Voraussetzung für jeden Versuch, ein bisschen Politik zu machen. Wenn sie nicht stimmt, kannst du alle Politik vergessen.* (Interview, 39)

Am Schluss des Interviews klingt es jedoch mit größter Entschiedenheit:

> *Aber Kenntnis der Welt allein ist ein trostloses Geschäft. Erst die Große Erzählung in beiden Testamenten sagt mir, dass die Welt bewohnbar sein muss und kann – und wird!* (40)

Auch die Marxisten

Aber die Zeiten haben sich geändert. Auch Marxisten haben eine gigantische Niederlage erlitten, auch ihnen ist die Erfahrung, dass ihr sozialistisches Projekt gescheitert ist, nicht mehr fremd. Dass Veerkamps Buch beim Argument-Verlag erscheint, geschieht auf ausdrücklichen Wunsch der beiden Herausgeber, Frigga und Wolfgang Haug (Welt, 10).

Ein sachlicher Grund dafür, auch den Kreis der Marxisten um Das Argument für ansprechbar zu halten, ist schon, dass auch Nicht-Christen auf die eine oder andere Weise von der Bibel geprägt sind. Auch für sie gilt:

> *Wer seine Herkunft nicht weiß, der weiß nicht, wohin er geht. Das gilt für diejenigen, die noch Christen sind; es gilt aber auch für die, die keine Christen waren, keine Christen sind und keine Christen sein wollen. Denn das Christentum hat uns alle geprägt, sei es positiv, sei es negativ.* (5)

Aber auch für diese Nicht-Christen gilt, dass das Christentum die Große Erzählung der Bibel entstellt hat und diese demzufolge unlesbar geworden ist. Auch sie müssen wieder lernen, die Bibel ‚politisch' zu lesen, d. h. als:

> *der politische Entwurf des jüdischen Volkes für eine Gesellschaft, in der niemand Sklave und niemand Herr sein soll.* (ebd.)

Das Christentum ist eine Größe anderer Ordnung. Es bildet eine eigene Große Erzählung, die nur noch unter Vorbehalt ‚biblisch' heißen darf:

> *Zwar schützte es die Erzählung vor der Zerstörung, zahlte aber dafür den Preis der oft hemmungslosen Anpassung an eine Welt der Ungleichheit und Unfreiheit.* (ebd.)

Das darf aber nicht das letzte Wort sein, denn:

> *Auslöschen konnte es die Sehnsucht nach Freiheit und Gleichheit nie. Sind auch die großen Diskurse und die großen Entwürfe immer wieder zerschellt an der erbarmungslosen Macht derer, die ohne Sklaven nicht auskommen, die Erzählung bleibt.* (ebd.)

Soweit das Vorwort. Im Folgenden wird die Spannung zwischen der bleibenden Sehnsucht nach Freiheit und Gleichheit auf der einen Seite und dem immer wieder Scheitern der Großen Erzählung auf der anderen bis ins Unerträgliche ansteigen.

Trauerarbeit

Die Große Erzählung. Wir begegneten diesem Terminus schon oft. Jetzt gibt Veerkamp zum ersten Mal eine Definition:

> *Ich nenne eine Große Erzählung eine von der Mehrheit der Gesellschaftsmitglieder erkannte und anerkannte Grunderzählung, in der sie ihre einzelnen Lebenserzählungen miterzählt wissen, durch die sie einen Platz in der Gesellschaft zugewiesen bekommen und so die gesellschaftliche Grundstruktur mit ihren Loyalitäten und Abhängigkeiten verinnerlichen.* (14)

Die Definition ist so formal, dass man sich fragt, ob sie auf die Große Erzählung der Bibel überhaupt angewendet werden kann. Diese blieb meistens *„Gegenerzählung [...,] Programm einer kleinen, politisch machtlosen Minderheit“* (417)*:*

> *Erst durch die Maßnahmen Esras und Nechemjas, die die Rückendeckung der persischen Zentralregierung hatten, erhielt jene Minderheit politische Macht und ihr Programm wurde als Große Erzählung zur Norm der gesellschaftlichen Grundordnung.* (ebd.)

Aber diese real existierende Torarepublik war von kurzer Dauer und wurde schon bald von der herrschenden Ordnung zunichte gemacht.

Veerkamp gibt zur Verdeutlichung Beispiele von Großen Erzählungen in der modernen Zeit. Es sind:

> *die bürgerliche Erzählung vom mündigen Menschen und der Emanzipation aus traditionellen Abhängigkeiten sowie, auf ihr aufbauend, die Erzählung der Arbeiterbewegung von der Befreiung aus der Abhängigkeit vom Privateigentum an Produktionsmitteln und von der Solidarität der Menschen* (14).

Wir begegneten diesen Erzählungen schon in Der Gott der Liberalen. Hier fungieren sie als Beispiele. Aber es ist klar, dass sie mehr sind als das. Zusammen mit der Großen Erzählung der Bibel bilden sie die *„Orte unserer Ursprünge"* (ebd.). Was Veerkamp mit seinem Buch will, ist, nach dem ‚Ende der Großen Erzählungen' dafür zu sorgen, dass sie nicht in Vergessenheit geraten: Es ist *„Erinnerungsarbeit, ja, Trauerarbeit"* (ebd.)

Trauerarbeit. Veerkamp erlaubt es uns nicht, in der Trauer steckenzubleiben. Wir müssen die Trauer verarbeiten, um mit der Trauer leben zu können, das ‚Ende der Geschichte' als das Ende einer Geschichte auf uns zu nehmen.

Ein Buch für Christen und Nicht-Christen

Die Welt anders ist für Christen und Nicht-Christen geschrieben, für Menschen, die sich von der Bibel direkt angesprochen wissen, und für Marxisten, für welche die Bibel ein historisches Dokument ist, wenn auch ein historisches Dokument, für das gilt, was im Kommunistischen Manifest steht: „Die Geschichte aller bisherigen Gesellschaft ist die Geschichte von Klassenkämpfen." Und Veerkamp macht mit seiner politischen Lektüre der Bibel den Marxisten klar, dass es in ihr um eine Schrift geht, die im Klassenkampf Partei ergreift für die Unterdrückten, gegen die Unterdrücker. Das war es auch, worin seine Hermeneutik sich von der Breukelman'schen unterschied. Breukelman bleibt beim Text, Veerkamp bringt den Text in Zusammenhang mit den gesellschaftlichen Verhältnissen, in denen er ‚produziert' wurde. Wie in Im Lehrhaus und in AUTONOMIE UND EGALITÄT beginnt DIE WELT ANDERS mit einem Kapitel „Die Wissenschaft vom Text": Der Text ist, anders als bei Breukelman, immer relativ autonom, ist in seiner Weise (relativ autonom) immer Teil der gesellschaftlichen Wirklichkeit (Kristeva). Wir können die Große Erzählung der Bibel nicht zu einer ‚Verpackung' des sogenannten ‚Unterbaus', der ökonomischen ‚Basis' machen. Die ‚Verpackung' ist ‚die Sache selbst' (297).

Die Bibel historisch-materialistisch gelesen

Veerkamp liest die Bibel historisch-materialistisch: politische Geschichte (so der Untertitel) der Großen Erzählung. Es ist also keine ‚runde' Erzählung ohne Widersprüche und Brüche: *„eine universalgeschichtliche Große Erzählung, die im Schöpfungsbericht anfängt und beim letzten Gericht endet"* (24). Die Bibel ist ein Ganzes, aber sie besteht aus einer Mehrzahl von Erzählungen:

> *Sie [der TeNaKh und die messianischen Schriften] bringen nicht nur eine Lektüre, sondern viele, zum Teil sogar widersprüchliche Lektüren. Sie lassen sie nebeneinander stehen, ewige Wahrheiten sind hier nicht zu haben.* (29)

Die Geschichte ist eine Geschichte von ‚Klassenkämpfen', eine Mehrzahl also, und das gilt auch für die Große Erzählung.

Veerkamp folgt dieser Erzählung:

> *Das Buch, das wir hier vorlegen, erzählt die Geschichte der Großen Erzählung, aus der das Christentum hervorging.* (5)

Vieles ist schon vorher ausführlich thematisiert worden: das Projekt der Torarepublik (einer Gesellschaft basierend auf Autonomie und Egalität), die Rolle, die der Zufall bei ihrem Zustandekommen spielte, wie der Raum für eine durch die Tora konstituierte Gesellschaft immer kleiner wurde, der Messianismus von Paulus, der durch die Katastrophe des Jahres 70 (die Zerstörung des Tempels in Jerusalem) wieder überholt wurde. Ich behandle hier nur noch, was im früheren Werk (so) noch nicht Thema war: eine Präzisierung der Entstehungsgeschichte der Tora, Paulus' Theologie des Kreuzes, das Scheitern des messianischen Projekts, das Christentum als eigenständige Große Erzählung, die Frage nach dem Status des NAMENS.

Das Entstehen der Tora

Zuerst Veerkamps Antwort auf die Frage nach dem Entstehen der Tora, wie wir sie jetzt kennen:

> *in der Periode der Torarepublik zwischen der Mitte des 5. Jahrhunderts v. u. Z. und der Periode der judäischen Bürgerkriege im 2. Jahrhundert v. u. Z.* (129)

Es ist die Zeit des Hellenismus, in der zum ersten Mal in der Geschichte das Geld die Welt regierte. In dieser Welt war eine Gesellschaft, in der das Geld gerade nicht bestimmend sein sollte, de facto nicht mehr ‚von dieser Welt'. Die Möglichkeit, die *„judäischen Vorstellungen von Gesellschaft politisch umzusetzen"*, schien definitiv hinter dem Horizont verschwunden zu sein (223). Der Mauerbau unter Nehemia war *„schon damals ein Abwehrkampf gegen eine unaufhaltsame Tendenz"* (185).

Auch in dieser Tora spürt man die gesellschaftlichen Umstände, unter denen sie redigiert wurde. Sie kam zustande *„unter der* *redaktionellen Federführung von schriftgelehrten Priestern oder priesterlichen Schriftgelehrten"* (129). Das ist auch logisch: *„Nur das Heiligtum in Jerusalem verfügte über jenes Personal, das in der Lage war, das Material zu redigieren und zu vereinheitlichen."* (ebd.)

Aber die Priesterkaste herrschte nicht absolut. Es gab auch den Widerstand der mit dem Volk verbundenen Priester, der Leviten. Deshalb sahen die priesterlichen Schriftgelehrten sich gezwungen, ‚die Tora in zwei Gestalten [...] zuzulassen', eine priesterliche Tora und die Tora der levitischen Konkurrenz. Aber die Tora ist *„keine Loseblattsammlung, sie ist eine Einheit"* (ebd.), wenn auch ohne dass die Gegensätze geglättet werden.

> *Beide erzählen auf ihre Weise und mit unterschiedlichem Material die gleiche Große Erzählung: wie Israel zum Erstgeborenen unter den Völkern wurde und ihm ein Land zugesagt wurde (Im Anfang, Genesis); wie es ins Haus der Sklaverei absteigen musste, wie es befreit wurde, [...] wie es am Berg des Bundes zum Bundesgenossen des Gottes wurde [...] (Namen, Exodus); wie die Disziplin der Freiheit verkündet wurde, rechter Kult und heiliges Leben (Er rief, Leviticus); wie es auf dem Weg durch die Wüste sieben Mal an seiner Führung und am Gott der Führung verzweifelte und dennoch die Grenzen des Landes erreichte (In der Wüste, Numeri). Dort wurde es genötigt, mit schonungsloser Selbstkritik auf den zurückgelegten Weg zurückzublicken; ihm wurde in einer langen Rede des Mosche noch einmal jene Disziplin der Freiheit [...] verkündet (Reden, Deuteronomium), die einen wirklichen Neuanfang ermöglicht.* (130)

Paulus' Theologie des Kreuzes

Paulus' Messianismus war das Resultat seiner Einschätzung der Macht des Römischen Reiches, die das Konzept einer lokalen Revolution ‚politisch sinnlos' gemacht hatte (255). Politisch sinnlos war es auch, den Sieg des Messias als einen militärischen zu denken: „Denn gegen den römischen Militärapparat war militärischer Widerstand von vornherein aussichtslos." (256) Paulus – oder ist es Veerkamp? – argumentiert hier pragmatisch. Er „war politisch realistischer als die Jerusalemer Messianisten" (ebd.). Um dann aus dieser Realität dennoch eine ganz radikale ‚christologische' Schlussfolgerung zu ziehen:

> *Der Messias muss daher ans römische Kreuz, an diesem Kreuz führt kein Weg vorbei. Sonst wäre aus dem Messias der Welt ein neuer Cäsar geworden, schrecklicher und teuflischer als alle Cäsaren vor ihm [...] Die Auseinandersetzung mit der herrschenden Weltordnung kann nicht mit den Mitteln dieser Weltordnung ausgetragen werden. Der Gekreuzigte siegt durch die Auferstehung über das Weltsystem des Römischen Reiches und alle militärischen Gegenstrategien sind zum Scheitern verurteilt. [...] Deswegen steht das Kreuz in dieser Form des Messianismus absolut zentral.* (ebd.)

Alle messianischen Projekte gescheitert

Dieser Messianismus ist durch die verheerende Niederlage im Jüdischen Krieg falsifiziert worden. Wohl versuchten die vier Evangelisten noch einen Weg zu finden, der begehbar ist, auch wenn der Messias wegbleibt. Diese Wege gehen sehr auseinander, aber eines haben sie gemeinsam:

> *Alle wollen klarstellen, dass die Niederlage des Messias und des judäischen Volkes nicht das letzte Wort ist. Darum lassen alle die Auferstehung als Schlussakkord hören, zwar keinen triumphalen, aber doch als Sieg.* (340)

Aber Veerkamps Fazit ist wie bei der politischen Geschichte des TeNaKh deprimierend:

> *Nach dem ersten Drittel des zweiten Jahrhunderts war mit einer umfassenden Änderung der herrschenden Weltordnung nicht mehr zu rechnen und mit dem zweiten Judäischen Krieg 131–135 endeten auch alle Versuche, dem Römischen Reich auf militärische Weise beizukommen. Es kam kein neues Jerusalem vom Himmel her, sondern ein neues Jerusalem von Roms und seines Kaisers Hadrian Gnaden her, Aelia Capitolina, der absolute Gegensatz zu dem Jerusalem, welches das Buch der Offenbarung erhoffte. […] Alle messianischen Projekte sind gescheitert, alle Erwartungen wurden enttäuscht.* (346)

Das Christentum

Es hätte das Ende der Großen Erzählung bedeuten können, wenn die Zeit nicht reif geworden wäre für eine Veränderung, die ab dem vierten Jahrhundert die Große Erzählung „zur zentralen Ideologie des neuen Römischen Reiches“ machte: das Christentum (440). Nach dem Zusammenbruch der Ökonomie und durch die Bedrohung von außerhalb (die ‚Völkerwanderung‘) hatte die traditionelle gesellschaftliche Grundstruktur des Reiches (familia und pietas) ihre Glaubwürdigkeit verloren. Das Christentum bot ein Gegenmodell (die Gemeinde als alter familia):

Durch ihren Zusammenhalt gerade in den Notzeiten nach 235 übten sie [die Christen] eine wachsende Anziehungskraft auf Nichtchristen aus. (368f.)

Es wurde dadurch ein Faktor, an dem die herrschende Ordnung nicht mehr vorbeikam. Aber statt ein Gegenmodell zu sein, half das Christentum im Chaos der Völkerwanderung, die herrschenden Verhältnisse zu verinnerlichen, die Menschen zu ‚lehren', den Platz, der ihnen in der Gesellschaft zugewiesen wurde, zu akzeptieren. In anderen Worten:

Dem Christentum war die Rolle zugewachsen, Menschen ideologisch ‚sesshaft' zu machen, sesshaft im umfassenden Sinne des Wortes, feste Bleibe und Akzeptanz des gesellschaftlichen Ortes, an dem jeder Mensch zu leben gezwungen war. (393)

In dieser Konstellation war für die Große Erzählung von TeNaKh und Evangelium kein Platz mehr. Die äußerste Konsequenz zog Marcion: ein Evangelium ohne TeNaKh. Diese Konsequenz traute sich das Christentum dann doch nicht:

Sie ahnten wohl, dass ohne die Große Erzählung Israels ihr Christentum zu einer Pflanze ohne Wurzel werden müsste, zu einem Zwischending zwischen einer gnostischen Sekte und einer orientalischen Mysterienreligion. Es benötigte den TeNaKh, weil nur er dem Christentum jene Authentizität verleiht, durch die es sich von der antiken Religion abhebt. (356)

Spätestens von diesem Zeitpunkt an zeigte sich die Notwendigkeit, „*Ordnung in das ideologische Chaos zu bringen und eine allgemeine, die Gemeinden bindende Lehre zu entwickeln*" (346). Und eine ‚rechte Lehre' braucht auch einen Feind. In der christlichen Orthodoxie wurde dieser Feind das Judentum. Innerhalb des Christentums bedeutete ‚jüdisch' fortan ketzerisch, ‚jüdisch' zu leben war verdächtig.

So blieb die Große Erzählung Israels der christlichen Welt erhalten, wenn auch gründlich ‚christianisiert'. Im ‚Credo' der Kirche fehlt die Befreiung aus der Sklaverei und die Gabe der Tora.

Verweigerung und Akzeptanz

„Aber die verwandelte Erzählung konnte ihre Herkunft nicht wirklich verleugnen." (397) Gerade in den zwei zentralen Dogmen des Christentums (325 Nizäa: die Wesensgleichheit von Vater-Sohn-Heiliger Geist; 451 Chalcedon: die Einheit von göttlicher und menschlicher Natur in Jesus Christus) blieb die Einheit von TeNaKh (christlich verwandelt: Altes Testament) und messianischen Schriften (Neues Testament) bewahrt. Zwar war die Funktion dieser Dogmen zuallererst, dem Bedürfnis des Kaisers nach Einheit entgegenzukommen:

> *EIN Gott, EIN allgegenwärtiger Staat, EINE Religion, d. h. eine monolithische Ideologie, die keine internen Widersprüche zulässt* (396).

Aber sie gingen auch ihren relativ autonomen Weg. Das Ergebnis war nicht eindeutig: Ging es in der Wesensgleichheit von Vater und Sohn um den Gott Israels und seinen Messias oder ist der Vater das ‚höchste Wesen' im Sinne der imperialen Ideologie? Und ging es in der Einheit von göttlicher und menschlicher Natur in Jesus Christus darum, das ‚physische' Band mit seinem Volk und dessen Gott, und zwar substanziell, zu bewahren, oder bestimmt die allgemeine Vorstellung der Verbindung zwischen Herrscher-Gott und Menschen-Knecht, wie eine ‚rechte' Christologie gedacht werden muss? Die Antworten auf diese Fragen, wenn sie überhaupt gestellt wurden, blieben vage.

Die politische Geschichte der Großen Erzählung des Christentums endet mit Augustin. Sein De Civitate Dei systematisiert den für das Christentum typischen Widerspruch: *„Kritik und Rechtfertigung der Welt“* (415). In der Praxis wählte das Christentum überwiegend die Rechtfertigung:

> *Die Grundstruktur des Christentums war in der Regel nicht Verweigerung, sondern meistens Akzeptanz. Die Verwandlung der Großen Erzählung ist demnach ihre Aufhebung in eine Weltreligion, die durch den theologischen Dualismus, also zweideutig sowohl von Verweigerung als auch von Akzeptanz bestimmt wird.* (420)

Typisch für Veerkamps illusionslose Interpretation des Christentums ist, dass er diese Entwicklung vom Gegenmodell zur Ideologie der herrschenden Ordnung für unvermeidlich hält:

> *Deswegen ist es ein moralistischer Kurzschluss, hier vom Konstantinischen Sündenfall der Kirche zu sprechen, die sich wegen materieller Vorteile (Grundbesitz, Steuerbefreiung) dem Staat ausgeliefert hätte. […] Der Staat […] war auf eine allgemeine Ideologie, auf einen Verinnerlichungsapparat angewiesen. Die Kirche konnte, nachdem das Christentum zu einer Massenbewegung geworden war, nicht in die Katakomben zurück, sie konnte kein Element der Subkultur werden, selbst wenn sie es gewollt hätte.* (397)

Aber das letzte Wort über das Christentum ist damit nicht gesprochen. Die Widersprüchlichkeit bleibt das Merkmal seiner Grundstruktur:

> *Deswegen lesen die Christen die Texte ihrer Tradition nicht einheitlich, sondern von je verschiedenen Positionen zwischen diesen beiden Extremen [Verweigerung und Akzeptanz] her.* (420)

Soweit Veerkamps historisch-materialistische Lektüre der Großen Erzählung der Bibel und ihrer Verwandlung in die Große

Erzählung des Christentums. Wie ‚alle bisherige Geschichte' ist sie eine Erzählung von (Klassen)Kämpfen, also voller Widersprüche. Wer eine politische Geschichte der Großen Erzählung schreibt, kann auch nicht anders. Auch der nichtchristliche Leser marxistischer Provenienz wird Veerkamps Buch folgen können und vom ‚bisherig', also nicht für immer und ewig, ermutigt werden. Auch für diesen Leser gilt, was Veerkamp im Vorwort schreibt: „Die Erzählung bleibt"!

Der NAME eine Chiffre?

Aber wie ist es mit dem eigentlichen Subjekt der Großen Erzählung, dem NAMEN? Lässt dieser sich auch in einem ‚historisch-materialistischen Diskurs' unterbringen? Der Begriff ‚Gott' lässt sich historisch-materialistisch noch gut erklären:

> *‚Gott' ist ein Funktionsbegriff. […] Die Frage ist daher nicht, ob ‚Gott' existiert. Eine solche Frage verrät eine existenzialistische Auffassung von ‚Gott' als ‚höchstem Wesen'. Die Frage ist: ‚Was funktioniert in einer gegebenen Gesellschaftsordnung als zentrales Organisationsprinzip für Autorität und Loyalität, was funktioniert in einer gegebenen Gesellschaft als ‚Gott'?* (50f.)

Aber der NAME bedeutet sich selber. So schrieb Veerkamp in DAS GOTTESMANIFEST, nachdem er von Breukelman auf die Spur der ‚Einheit der Schrift' gebracht worden war, in der der NAME die ‚entscheidende Erzählfigur' ist:

> *Dieser NAME ist keine Chiffre für irgendein Kollektiv, das Volk, die Klasse, die Partei, die Bewegung oder sonst etwas.* (Manifest II, 38)

Wohl war die Vorstellung des NAMENS als ‚höchstes Wesen' für Veerkamp unglaubwürdig geworden. Der NAME offenbarte sich selbst ausschließlich im „Fleisch des gekreuzigten Sklaven Jesus“. Auch der NAME als eine ‚Person‘ ist nicht ohne weiteres ‚biblisch‘: *„Im TeNaKh ist [der NAME] im eigentlichen Sinne des Wortes apersonal; [er] ist prinzipiell unvorstellbar* (Bilderverbot), *[er] ist ‚nur Stimme‘ und diese Stimme ‚redet das Zehnwort‘.“* (Welt, 200)

Aber das erklärte nur, was der NAME nicht war, und diente also gerade dazu, den NAMEN gegen Missbrauch zu schützen. In Die Welt anders ist NAME eine ‚Chiffre‘, *„für eine Grundordnung, welche die Sklaverei ausschließt“* (55). Dass der NAME handelt, ist (nur?) eine Redeweise:

> *Im Aufstand der Makkabäer ging es dem Volk um die Gesellschaftsordnung, also um ‚Gott‘. [...] Deswegen kann man sagen, dass ‚Gott‘ handelt im Aufstand des Volkes.* (231)

Dass der NAME jede Ordnung transzendiert, bedeutet ‚anders gesagt‘ [!]: „jede Grundordnung kann nur ein immer wieder scheiternder, immer wieder neuer Versuch sein, Freiheit und Gleichheit miteinander zu versöhnen.“ (417) Der NAME figuriert hier als ‚regulative Idee‘, ein Begriff ohne die Dramatik, die biblisch gesprochen die Eigenart des NAMENS ausmacht.

Kommt Veerkamp hier dem nicht-christlichen Leser entgegen, dem er das Ärgernis des NAMENS ersparen will? Oder kann er selber nicht mehr sagen als dass der NAME eine ‚Chiffre‘ geworden ist? Das könnte auch erklären, warum er im Epilog die Hoffnung aufgegeben zu haben scheint, die Welt könnte tatsächlich je anders werden. Schreibt er im Vorwort noch: „die Erzählung bleibt“, erklärt er jetzt apodiktisch: „Alle [Großen] Erzählungen sind vergangen, moderne und postmoderne.“ (423)

Aber im Epilog schreibt er auch:

> *Alle Erzählungen sind nur noch Gerüchte (wie auch der NAME nur noch ein ‚fernes Gerücht‘ ist [Autonomie, 369]). [...] Sie sind hilflos, aber immerhin Sprache. [...] Die Erzählungen bleiben*

> *immer, sie sind wie ein road movie, ein Ende, gar ein Happy End, ist nicht abzusehen.* (ebd.)

Das Wenige, das bleibt, ist:

> *Die Wege werden nicht ohne Erzählungen, nicht sprachlos gegangen, nach dem Wort des Dichters Johannes Bobrowski: Sprache abgehetzt / mit dem müden Mund / auf dem endlosen Weg zum Hause des Nachbarn* (ebd.)

Nicht sprachlos. Das ist, wenn es darauf ankommt, alles – wenn auch nicht ausgeschlossen werden kann, dass, wer so gehofft hat, verstummt (Liberalen, 239).

Die Reformation feiern?

Als Die Welt anders erschien, war Veerkamp schon seit zehn Jahren in Rente und von Berlin umgezogen in die Zweitwohnung im Wendland, die Marianne und er 1983 gekauft hatten. Fertig mit Schreiben ist Veerkamp noch lange nicht. Nach Die Welt anders veröffentlichte er unter anderem eine Übersetzung des Matthäus-Evangeliums mit Kommentar, einen Artikel über Mammon und eine ‚Geschichte der synoptischen Tradition' über die Struktur des ‚Neuen Testaments'. Als 2017 die Evangelische Kirche in Deutschland (EKD) mit einer ‚Denkschrift' Rechtfertigung und Freiheit 500 Jahre Reformation feiert, schreibt Veerkamp einen äußerst kritischen Kommentar, „Habakuk, Paulus und die EKD". Er behandelt den Grundtext von Luthers Lehre von der Rechtfertigung allein durch Glauben: „Der Gerechte wird seines Glaubens leben" (Habakuk 2,4; zitiert im Römerbrief 1,17; Übersetzung Gerhard Jankowski). Veerkamp stellt lakonisch fest:

> *Paulus sah sich nicht veranlasst, Hab 2,4 zum Schriftbeweis für seine Rechtfertigungstheorie zu machen, aus dem einfachen Grund, dass Paulus keine Rechtfertigungstheologie bietet. Er lässt sich von Habakuk leiten und zwar von seinem unerschütterlichen Vertrauen, dass das Ende der großen Weltmacht [bei Habakuk: Babel; bei Paulus: Rom] unweigerlich kommt.* (Habakuk, 29)

Die Freiheit, von der hier die Rede ist, ist nicht die Freiheit des bürgerlichen Individuums in der von der Ideologie des freien Marktes getriebenen Bundesrepublik, mit immer noch einem Quäntchen Antijudaismus *(„Das Wort Auschwitz sucht man in diesem Text [der Denkschrift] vergeblich“* [38]*)*, sondern:

> *Die Freiheit, die in den Grunddokumenten des Judentums und des Christentums zum Wort kommt, war* Befreiung aus dem Sklavenhaus *(Dick Boer), Freiheit von der Herrschaft des Menschen über Menschen.* (37)

Veerkamps Fazit lautet:

> *Luther in Ehren, es gibt nichts zu feiern. Die Jubiläumsfeiern des Jahres 2017 werden deswegen kaum etwas anderes als schwarz-rot-goldene staatskirchliche Veranstaltungen sein. Vielmehr würde das Schamrot die passende Farbe für die kirchlichen Gedenkveranstaltungen sein. ‚Es muss‘ nicht ‚weitergehen‘ mit der Reformation, sondern es bedarf einer völlig und radikal neuen Reformation. Sie beginnt mit einer neuen und politischen Lektüre der Schrift Israels und der messianischen Schriften, vulgo: ‚der Bibel alten und neuen Testaments‘. Zum Beispiel mit einer Lektüre von Röm 1,16–17 vom eindeutig politischen Habakuk her.* (40)

2020 erscheint seine Autobiographie, Abschied von einem messianischen Jahrhundert. Politische Erinnerungen. Zum Schluss gibt Veerkamp Antwort auf die Frage, was ihn die Jahre hindurch politisch in Gang gehalten hat:

Erstens: das Kind von Marianne und mir. Wer ein Kind in die Welt setzt, hat die permanente Verpflichtung, dafür zu sorgen, dass diese Welt eine menschenwürdige ist. Zweitens: Ich hatte das Privileg, dass ich zeitlebens mit aufrichtigen und wahren Menschen zusammen sein konnte: in meiner Amsterdamer Familie, mit den Jugendfreunden, bei den Jesuiten, mit den Freundinnen und Freunden in New York und bei meiner Arbeit in Berlin und anderswo, und vor allem mit meiner Frau, unserer Tochter, ihrem Mann und den zwei Enkelkindern. Sie waren und sind es, die mir einen aufrechten Gang möglich machen – sei es auch mit Hinfallen und Wiederaufstehen. (Erinnerungen, 317)

10. Epilog

Veerkamp ist ein unbequemer Denker. Er stellt sich quer gegen eine christentümliche Interpretation von TeNaKh und Evangelium, aber auch gegen eine modische Linke und einen zu bequemen Gebrauch der marxistischen Theorie. Er kann wütend werden über die Arroganz, mit der sich für radikal links haltende Intellektuelle die Arbeiter verächtlich machten. Er irritiert oft durch die illusionslose Art und Weise, mit der er seine Skepsis gegenüber der Euphorie bezüglich der Chancen einer ‚Welt anders' zum Ausdruck bringt.

Sein polemischer Stil kann dazu führen, dass der Leser nicht mehr erkennt, dass Veerkamp im wahrsten Sinne des Wortes ein Gelehrter, ein Schriftgelehrter ist. Seine Exegesen zeigen seine solide Kenntnis der Grundsprachen und die akribische Genauigkeit, mit der die Texte gelesen werden. Er verfügt über ein gründliches Wissen der Philosophie und der ökonomischen Theorie – was von den meisten Bibelwissenschaftlern nicht gesagt werden kann. Vielleicht ist das Quere seines Denkens auch der Grund dafür, dass die akademische Theologie von ihm kaum Notiz genommen hat. Getroffen hat es ihn nicht. Ein Skandal bleibt es trotzdem.

Veerkamps Werk ist von einer zunehmenden Melancholie gezeichnet. Das ‚Ende des messianischen Jahrhunderts', der Zusammenbruch des sozialistischen Projekts, hat bei ihm eine tiefe Wunde geschlagen, die nicht geheilt werden kann. Mit den

Emmausgängern sagt er ‚Wir aber hatten gehofft'. Hatten! Diese Hoffnung scheint Vergangenheit geworden zu sein. Aber wir dürfen uns nicht in unserer Depression gehenlassen. Als der Prophet Elia in der Stunde der Niederlage in die Wüste flüchtet, um dort seine Depression bis zum bitteren Ende auszuagieren, hört er eine Stimme, die Stimme des NAMENS. Nur, diese ruft nicht: Ich bin JHWH, dein Gott, der dich aus dem Sklavenhaus herausführt. Im Gegenteil, die Stimme sagt: Geh, kehr um auf deinem Weg, zurück, von wo du hergekommen bist, in diese Welt, wo die Befreiung die Ausnahme, Unterdrückung die Regel ist. „Nichts von einem Zuspruch, einer Vertröstung, nur barscher Befehlston"(Baal, 78). Aus der verwüstenden Depression in die deprimierende Wüstenei der herrschenden Unordnung.

Die Große Erzählung geht nicht unaufhaltsam vorwärts zum Grande Finale eines neuen Himmels und einer neuen Erde, eher bewegt sie sich von Niederlage zu Niederlage. Aber das Gebot bleibt, dorwador, Geschlecht für Geschlecht, die Erzählung von TeNaK und Evangelium weiter zu erzählen. Denn die Erzählung bleibt.

Literaturverzeichnis

„Wie sich ein Bündnis bewährte. Historisch-materialistische Auslegung des Debora-Liedes“, in: Dorothee Sölle / Klaus Schmidt (Hrsg.), Christentum und Sozialismus. Vom Dialog zum Bündnis, Stuttgart/Berlin/Köln/Mainz (Kohlhammer) 1974, 62–74 **(Bündnis)**

„Der Bund und die Bündnisse“, in: Dorothee Sölle / Klaus Schmidt (Hrsg.), Christen für den Sozialismus I Analysen, Stuttgart/Berlin/Köln/Mainz (Kohlhammer) 1975, 122–141 **(Bund)**

„Das Gottesmanifest I–III“, in: Texte und Kontexte. Exegetische Zeitschrift 1 (1978), 6–18; 2 (1978), 28–39; 3 (1979), 13–33 **(Manifest)**

„Vom ersten Tag nach jenem Sabbat. Der Epilog des Markusevangeliums: 15,33–16,8“, in: Texte und Kontexte. Exegetische Zeitschrift 15 (1982), 5–34 **(Epilog)**

„Im Lehrhaus. Von der Einheit der heiligen Schrift“, in: Texte und Kontexte. Exegetische Zeitschrift 22 (1984), 4–38 **(Lehrhaus)**

„Der unmögliche Bund. Jehoschuas letzte Rede“, in: Texte und Kontexte. Exegetische Zeitschrift 49 (1988), 17–35 **(Leben)**

„Vorwort“, in: Texte und Kontexte. Exegetische Zeitschrift 44 (1989), 1–2 **(Sozialismus)**

„Die Priester, der Büttel und der Narr. Eine Auslegung von Joh 18,28–19,16“, in: Texte und Kontexte. Exegetische Zeitschrift 41 (1989), 14–43

„Auf Leben und Tod. Eine Auslegung von Joh 10,40–11,54“, in: Texte und Kontexte. Exegetische Zeitschrift 49 (1991), 10–44

„Wie ist die Einzigartigkeit Israels zu verstehen? “, in: Texte und Kontexte. Exegetische Zeitschrift 50 (1991), 43–49 **(Einzigartigkeit)**

Autonomie und Egalität. Ökonomie, Politik und Ideologie in der Schrift, Berlin (Alektor) 1993 **(Autonomie)**

„Theologie der Schrift in Stichworten. Ein Programm für Lehrhaus und Texte & Kontexte“, in: Texte und Kontexte. Exegetische Zeitschrift 69 (1996), 3–26 **(Stichworte)**

Die Vernichtung des Baal. Auslegung der Königsbücher (1.17–2.11), Stuttgart (Alektor) 1983 **(Baal)**

„Weltordnung und Solidarität oder Dekonstruktion christlicher Theologie. Auslegung des ersten Johannesbriefes und Kommentar“, in: Texte und Kontexte. Exegetische Zeitschrift 71/71 (1996) **(Weltordnung)**

Der Apostel Paulus auf dem Dritten Kongress der Kommunistischen Internationale, Berlin (Alektor) 1997 **(Internationale)**

„Der Sieg des Titus oder: der Abschied vom Messias (Joh 16,5–35). Für Dick Boer“, in: Texte und Kontexte. Exegetische Zeitschrift 87 (2000), 3–17

„Der Abschied des Messias. Johannes 13–17“, in: Texte und Kontexte. Exegetische Zeitschrift 95/96 (2002) **(Messias)**

Der Gott der Liberalen. Eine Kritik des Liberalismus, Hamburg (Argument) 2005 **(Liberalen)**

„Das Evangelium nach Johannes. Eine kolometrische Übersetzung“, in: Texte und Kontexte. Exegetische Zeitschrift 106/107 (2005) **(Übersetzung)**

„Der Abschied des Messias. Eine Auslegung des Johannesevangeliums. I. Teil: Johannes 1,1–10,21“, in: Texte und Kontexte. Exegetische Zeitschrift 109–111 (2006) **(Abschied I)**

„Der Abschied des Messias. Eine Auslegung des Johannesevangeliums. II. Teil: Johannes 10,22–21,25“, in: Texte und Kontexte. Exegetische Zeitschrift 113–115 (2007) **(Abschied II)**

Die Welt anders. Politische Geschichte der Großen Erzählung, Berlin (Argument) 2012 **(Welt)**

„Die Vision einer anderen Welt. Gespräch mit Ton Veerkamp“, in: Junge Kirche 2/2012, 34-40 **(Interview)**

„Mammon“, in: Texte und Kontexte. Exegetische Zeitschrift 148 (2015), 8–22

„Habakuk, Paulus und die EKD“, in: Mit Paulus in der Welt. Festschrift für Gerhard Jankowski zum 80. Geburtstag, Texte und Kontexte. Exegetische Zeitschrift 153–155 (2017), 24–40 **(Habakuk)**

„Geschichte der synoptischen Tradition. Die Struktur des ‚Neuen Testaments‘“, in: Texte und Kontexte. Exegetische Zeitschrift 150 (2016), 3–10

Alle Worte und Taten des Messias: Das Evangelium nach Matthäus. Texte und Kontexte. Exegetische Zeitschrift 157–159 **(2018)**

„Abschied vom Christentum“, in: Hoffnung wider alles Hoffen. Festschrift für Dick Boer, den Freund und Genossen, zum 80. Geburtstag (2019), Texte und Kontexte. Exegetische Zeitschrift 166-168 (2019), 117-131

Abschied von einem messianischen Jahrhundert. Politische Erinnerungen, Hamburg (Argument) 2020 **(Erinnerungen)**

Über den Autor

Dick Boer (1939), Dr. theol., bis 1999 Dozent für Geschichte der modernen Theologie in Europa in Amsterdam. Er studierte bei Frans Breukelmann biblische Theologie. Dick Boer gehört zur sogenannten Amsterdamer Schule, die die Bibel als jüdisches und politisches Dokument versteht und liest. Von 1984-1990 war er Pfarrer an der niederländischen Gemeinde in der DDR. Er war Mitglied der christlichen Friedenskonferenz und bis 1991 der kommunistischen Partei der Niederlande. Veröffentlichungen u.a.: Erlösung aus der Sklaverei. Versuch einer biblischen Theologie im Dienst der Befreiung, Münster 2008; Theopolitische Existenz - von gestern, für heute: Texte 1978-2014, Hamburg/Münster 2017; Wenn nichts mehr stimmt ... Hiob rettet den Namen, Hamburg/Münster 2019.

Institut für Theologie und Politik

Das Institut für Theologie und Politik (ITP) ist unabhängig, aber parteilich. Befreiungstheologie ist unser Ansatzpunkt, um Gesellschaft zu begreifen, Herrschaftsverhältnisse in Frage zu stellen und solidarische Alternativen zu entwickeln. Seit 1993 ist der Träger des ITP ein als gemeinnützig und wissenschaftlich anerkannter Förderverein.

Das ITP ist ein Multiplikator befreiungstheologischer Theorie und Praxis unter aktuellen globalen gesellschaftlichen Bedingungen und Schnittstelle zwischen Kirche und Sozialen Bewegungen.

Es geht darum, neue Machtverhältnisse zu schaffen, und zwar von unten her. Ein Wandel der Verhältnisse geschieht aber nicht von allein, sondern braucht Reflexion, Organisation, Beratung und Begleitung.

Wir wollen uns gemeinsam mit allen auf den Weg zu einer anderen Kirche und Gesellschaft machen, die dem Reich Gottes näher kommt, als das, was heute als alternativlos gilt.

Das ITP wird getragen von einem gemeinnützigen Förderverein. Dies bringt inhaltliche Unabhängigkeit, aber auch ökonomische Unsicherheit mit sich. Arbeit wird vor allem durch ehrenamtliches Engagement der MitarbeiterInnen geleistet. Finanziert wird das ITP vor allen Dingen durch Spenden.

Weitere Informationen unter www.itpol.de

Edition ITP-Kompass

Bücher zur Befreiungstheologie aus dem Institut für Theologie und Politik

Alle Veröffentlichungen unter www.itpol.de
Bestellungen an: buecher@itpol.de oder Institut für Theologie und Politik (ITP), Friedrich-Ebert-Str. 7, 48153 Münster.

Kuno Füssel/Michael Ramminger (Hg.)
Kapitalismus: Kult einer tödlichen Verschuldung
Walter Benjamins prophetisches Erbe

Als Startschuss für unseren diesjährigen inhaltlichen Schwerpunkt zu Walter Benjamins Fragment „Kapitalismus als Religion" (verfasst 1921 vor hundert Jahren), haben wir nun einen internationalen Sammelband herausgegeben.
Benjamins Fragment gelangte seitdem nicht nur zu einer großen Berühmtheit, sondern gewann auch an Aktualität immer mehr dazu. Die hier anlässlich dieses Jubiläums versammelten Beiträge versuchen, den von Walter Benjamin mit seinem Text durch das komplexe Universum der kapitalistischen Moderne geöffneten Bahnen zu folgen. Die internationalen AutorInnen verknüpfen Benjamins Thesen mit befreiungstheologischen Perspektiven und stellen davon ausgehend die Frage nach einer möglichen Form der Vergesellschaftung jenseits des Kapitalismus.
Edition ITP-Kompass Bd. 34, Münster 2021
364 Seiten, 22,80 €

Kuno Füssel, Maria Klemm, Odilo Noti, Michael Ramminger (alle Hrsg.)

Kuno Füssels gesammelte Schriften in sieben Bänden

Mit welchem Recht kann Theologie beanspruchen, eine Wissenschaft zu sein? Hat Religion notwendig Ideologiecharakter, oder trifft dies nur auf ihre bürgerliche Form zu? Gibt es einen eigenständigen, religiösen Sprachgebrauch? Welchem Theorietyp lässt sich Theologie zuordnen? Kann es eine produktive Annäherung zwischen Theologie und Historischem Materialismus geben?
Diese und viele weitere Fragen sind Ausgangspunkte des umfassenden Werkes in sieben Bänden zu materialistischer Bibellektüre, Religionskritik, Erkenntnis- und Wissenschaftstheorie, Befreiungstheologie und Politischer Theologie, Marxismus und linker Theorie – allesamt gesammelte Texte des Theologen Kuno Füssels, herausgegeben zu seinem 80. Geburtstag.
Für die LeserInnen wird bei der Lektüre begreifbar, wie Kuno Füssel seine jahrzehntelange Arbeit versteht: «In Übereinstimmung mit dem Theologieverständnis der politischen Befreiungstheologie soll Theologie als eine in die Konflikte der Gegenwart eingreifende theoretische Praxis vorgestellt werden.»

Gesammelte Schriften, Band I-VII, Edition-ITP-Kompass und Edition Exodus, Luzern/Münster 2021,
Preis: 224,00 €